JN409460

풀 향기 어머니

최병진 수필집

풀 향기 어머니

인쇄 2021년 4월 8일
발행 2021년 4월 15일

지은이 최병진
발행인 서정환
펴낸곳 수필과비평사
주소 서울시 종로구 삼일대로 32길 36(익선동 30-6 운현신화타워 빌딩) 305호
전화 (02) 3675-3885 (063) 275-4000·0484
팩스 (063) 274-3131
이메일 essay321@hanmail.net
출판등록 제300-2013-133호
인쇄·제본 신아출판사

ISBN 979-11-5933-326-2 (03810)
값 13,000 원

Printed in KOREA

풀 향기 어머니

최병진 수필집

수필과비평사

■ 책머리에

반평생 고정된 삶의 틀 속에서 덧없는 세월이 흘렀습니다. 마음의 평정을 얻고자 전북대 평생교육원을 찾았습니다. 글의 멋과 맛을 알게 되면서부터 그늘진 마음에 빛이 들었습니다. 사물을 관조할 수 있는 눈을 뜨고 아름다움도 볼 수 있게 되었습니다. 외로움도, 격한 감정도, 오랫동안 끌어안고 있는 응어리진 마음도 녹여서 흘러가게 했습니다. 글은 기쁨과 포근한 행복을 알게 했습니다. 그게 하늘의 뜻인지 모릅니다. 한경선 교수님과 문우님들 그리고 도와주신 여러분께 감사드립니다.

신축년 봄

최병진

■ 목차

1. 물그림자

2. 생명의 소리

3. 가다 보면

4. 소반 미역국

5. 아름다운 사람

1. 물그림자

감

금년도 달포를 남기고 있다. 두 밤 지나면 눈이 내리기 시작한다는 소설이다. 틈틈이 마을 가까운 산을 오른다. 눈부신 태양 아래 남빛 하늘 향해 빨강잠자리가 자유롭게 날고 있는데, 된바람이 휙 불자 사라졌다 금세 나타난다. 산자락 따라 전원주택이 고택 사이에 자리 잡고 있다. 샛길 따라가다 보면 고샅길로 이어진 마을 앞을 지난다. 고택 울안 지붕보다 커버린 감나무가 문지기처럼 주인 없는 집안을 바라보고 있다.

고목 감나무가 한여름 태양 열기에 새까맣게 그을었다. 까만 가지마다 감이 탐스럽게 익어간다. 빨강, 주황빛으로 물든 감들이 옹골차게 매달려있다. 쏟아지는 빛 가루에 홍옥 빛 연시와 황금빛 땡감이 주렁주렁 열렸다. 참새가 망설임 없이 우듬지에 앉을 때 나무가 출렁거린다. 인기척에 참새 떼가 금세 대밭으로 날아 몸을 숨긴다. 그사이 까치 한 쌍이 차분하게 앉아 다정하게도 "쩍쩍" "깍깍" 소통을 한다. 꼭 시내버스 속 이방인들의 대화처럼 낯설게 들린다. 혹시 떨어질세라 움켜 쥔 두 발이 힘겨워 보인다. 그들은 부드럽게 부푼 연시를 부리로 꼭꼭 쪼아 대며 주위를 살핀다. 나는 넋을 놓고 그 나무를 바라보며 떠가는 늦가을 구름 한 조각이 감나무를 밀고 있는 것을 보다가 어지러워서 고개를 숙였다. 낮은 곳을 바라보고 나서야 방향을 찾아 그 자리를 떠났다.

집에 와 보니 막내며느리가 가져온 감이 어리둥절하게 했다. 단감과 대봉감이 뒤 베란다 쪽 상자에 가득하고, 김치냉장고 위 쟁반에도, 심지어 거실 탁자 위에까지 널려 있다. 거실과 방에 감 가지도 걸어놓았다. 감을 보니 옛 시골집 먹감나무 생각이 난다.

그 나무는 집안 부엌 맞은편 흙돌담 곁에 외롭게 서 있었다. 앙상하게 남아있는 가지 사이에 덩그렁 매달린 볏짚 뭉치가 있었다. 조부께서 해마다 동여매 놓은 볏짚은 동면하는 감의 보금자리다. 서리가 온 뒤부터 감을 따서 그곳에 갈무리하여 놓으면 홍시가 된다. 감나무 높은 곳에 두면 쉽게 손도 타지 않는다. 볏짚이 냉해를 방지하고 습도와 온도를 맞춰 최고의 연시가 되게 하고, 부패 방지 역할까지 한다.

고목에 가까운 토종감나무일수록 해거리에 민감하다. 한 해는 많이 열려서 잘고, 이듬해에 해거리를 하여 드문드문 달릴 때는 굵기가 대봉시 버금간다. 그 시절에는 감나무에 거름을 하거나 농약을 하지 않아도 감이 잘도 열렸다. 자기 몸이 버거워지면 조화롭게 낙화시키고 열매 또한 떨어지게 하여 알맞게 감을 매단다. 감꼭지 언저리가 검게 반질반질하다. 그 감이 먹감이다. 곶감으로 으뜸이고, 홍시 역시 일품이다. 서리 오기 전에 따서 된장 속에 갈무리하여 두면 최고의 감장아찌가 된다. 음력 동짓달 긴긴밤에 할머니들의 옛이야기를 들으며 밤참으로 생고구마, 익힌 고구마와 홍시 등을 먹고 겨울밤을 보냈다. 홍시는 부드럽고 달콤해서 노인들이 먹기에 좋은 간식이다. 어린 시절 먹었던 꿀맛에 비할 수 없는 홍시의 단맛을 잊을 수가 없다.

사돈댁이 시골에서 농사를 짓고 있다. 비닐하우스에서 채소를 가꾼다. 산밭 감나무에 퇴비만 주고 농약은 하지 않는다고 한다. 그 감들을 매해 3년을 거쳐서 감 서리를 맞게 되었다. 정작 주인은 감 꼴도 못 보고 남 좋은 일만 하고 속만 상하였는데, 올해는 감 풍년에 남의 농산물 손실법 때문에 그러한지 감잎 하나 손 타지 않고 무사히 넘어갔다고 한다. 그 덕분에 이웃들과 넉넉하게 감 나눔을 할 수 있었다고 한다.

사랑을 전해주는 감이 소중한데, 흔전만전하여 이웃에게 전해주기도 쑥스럽고 그냥 아내와 나는 집에 두고 먹기로 했다. 감이 홍시가 되어서도 얼거나 부패할 수가 있다. 감을 보관하면 금방 연시가 된다. 그 연시를 며칠 못 가서 버릴 때면 아까움보다 민망함이 앞섰다.

겨울 풍경이 생각난다. 산야가 하얀 눈으로 덮여 있다. 감나무에 붉은 꽃이 피어 있다. 흰 배경에 매달린 감이 햇빛에 윤기까지 더해져서 경이롭다. 이 감들을 따기에는 품삯도 비싸고 판로마저 없고, 가격 하락으로 방치되었을 것이다. 겨울 나무에 달린 감은 주인으로부터 버림은 받아도 아름다운 풍경을 선사하고 겨울 새들의 먹이로 사랑의 열매가 되었다.

증조할머니 살아생전 홀쭉해진 볼로 홍시를 드시다 말고, 어린 나에게 손을 내밀어 감을 주시기에 철없이 덜렁 받아먹었다. 아무리 먹고 싶어도 '할머니 먹어.' 그 말을 못한 것이 회한으로 남는다. 겨울 감나무 우듬지에 쪼그라진 연시를 보면 증조모가 사무치게 그리워진다.

겨울 문턱에서

가을인데 여름철 장맛비같이 세찬 비가 이틀간 주룩주룩 내렸다. 마을 공원 벤치에 앉아서 일광욕을 하고 있는데, 쌀랑한 실바람이 일었다. 발아래 비에 젖은 낙엽들을 보고 마음이 무거웠다. 며칠 전까지 알록달록 물든 단풍의 아름다움을 만끽했는데…. 계절의 변화를 보고 금년도 빠르게 가는구나! 내가 일을 그만둔 지 8년의 세월이 훌쩍 지나고 보니 허무한 생각이 든다. 그 세월이 어제같이 생각이 되면서 남은 세월도 금방 돌아올 것을 생각하면 더욱 서글퍼진다.

손녀가 감기에 걸려서 남동생에게 옮기지 않게 하려고 우리 집에 묵고 있었다. 아파트 물탱크 위 까치를 바라본 세 살배기 손녀가 "새 많다. 할머니 새 없다. 집에서 엄마랑 맘마

먹고 다시 올 거야." 했다. 엄마한테 데려다 준다고 하니 엄마한테 가면 동생이 감기를 옮을까 어린것이 걱정을 했다. 짠한 마음에 아무 말을 못했다.

아들이 어렸을 때 사흘거리로 예수병원 응급실을 찾아가야만 했다. 급성 기관지천식으로 호흡하기 매우 힘들어하며 자지러질 지경에까지 이르렀기 때문이다. 아내는 약한 자기 몸도 생각하지 않고 걸음을 재촉하였다. 아내는 어디서 그런 힘이 생겼는지 들돌 같은 아이를 업고 잰걸음으로 경사진 언덕을 허겁지겁 헐떡이며 걸었다. 창백한 얼굴에 눈물인지 땀인지 흐르고 있었다. 위중한 환자들이 있는 병실 담당의사는 청천벽력 같은 말을 하였다. "오늘을 넘기기 어려우니 잘 살펴봐야 할 것입니다." 의사가 간 뒤에 아이가 하는 말이 "엄마, 괜찮아. 엄마도 잠 자." 생사를 앞두고 한 그 한마디는 가슴을 후벼 파 눈물만 소리 없이 흘렸다.

난 왜 그렇게 무력한 아버지였는지 자책만 된다. 보다 환경이 좋은 집에서 아이를 자라게 했다면 알레르기 기관지 천식에 걸리지 않을 수도 있는데 그리하지 못하여 괴롭기만 했다. 기구한 운명의 역사의 수레바퀴에 휘둘려 살아왔기 때문이라 귀결 지으려는 나의 안일함과 어리석음을 뉘우친다.

어린 시절 무거운 짐을 양 어깨에 메고 산길 따라 상상의 나래를 펴며 삼십 리 길을 걸을 때가 많았다. 그것도 터덕터덕 걷다가 등짐을 언덕배기에 걸쳐놓고 떠도는 흰 구름을 더듬는 해의 아련한 온기를 받았다. 배고픔과 노곤함이 전신을 휘감고 있을 때 환상에 빠져 있으면 천상의 소리가 들리듯 희미한 소리와 함께 아슴해지면서 눈이 감겼다. 그 소리는 개울물 흐르는 소리와 소나무 가지 솔잎 스치는 바람 소리였다. 편안함과 함께 밀려온 졸음에 싸여서 햇빛을 덮고 비몽사몽 시간을 보내면서 보고 싶은 분을 만났다. 저세상에 계신 아버지 모습이 애틋하게 환영되어 눈시울을 촉촉하게 하였다.

고향 뒷산에 지게 지고 나무하러 가실 때 손잡고 올라가던 중 칡넝쿨로 싸리버섯 꿰어 한 꾸러미를 들려 주시면 길가 풀에 스치면서 거의 나부라지고 고작 한 개만 남아 있었다. "어이구 모두 떨어졌네." 하시면서 또 버섯을 따 주었다. 도랑의 가재 잡기와 물고기 잡기 하던 때가 떠오른다. 찬바람에 해가 다시 구름 사이로 숨었다.

등짐을 세우고 집을 향하여 터벅터벅 걸어가다 쉬면 소복이 흰 눈 쌓인 외딴 초가집 울안 감나무에 빨강 감 몇 알이 유리 고드름을 대롱대롱 맺고 있었다. 해는 고드름 눈물도 아랑

곳없이 바삐 서쪽을 달리고 있었다.

들녘의 찬바람에 떨며 억새는 하얀 모습으로 몸을 세우고 서걱서걱 철새 깃 소리를 냈다. 석양을 향하여 희미하게 떠오르는 얼굴을 속절없이 그리며 밀려오는 그리움을 안고 오늘도 가고 내일도 가야만 했다.

언제나 고독을 얼리는 겨울의 칼바람은 눈물도 마르게 하고, 두려움도 기쁨도 빼앗아갔다. 고통을 참고 견디면서 막막하고 답답함을 녹여내면서 젊은 시절에는 길가의 작은 돌 하나라도 보면 느낌을 주웠는데, 지금은 힘들고 피곤하다는 메마른 마음이 앞선다. 요즘은 오전 중 염경기도와 독서로 거의 시간을 보내고 있다. 한 주일이 쌩하고 지나가고 온다. 몸이 둔해져서 그런지, 그렇지 않으면 나이로 인한 자연적으로 오는 현상으로 받아들여야 하는지, 마음만 바쁘다. 노부부가 비생산적인 삶을 살고 있음이 한심하기 그지없다. 서글프다.

부모는 내리사랑이란 말이 맞는 것 같다. 불혹의 삼형제를 아직도 한시도 마음에서 내려놓지 못하고 있다. 그 아이들이 하는 마음을 울리는 한마디가 사랑이 담긴 말인 것을 언제나 생각한다. 노부부는 아들과 손녀의 말을 곱씹으며 그리워하고 있다.

매미

매미는 앙칼지게 운다. 수컷 매미들의 아우성은 입추와 말복이 가까워짐을 예고라도 하는 것 같다. 더위를 몰고 다니는 저 소리는 귀가 따가울 정도다. 소나기가 쏟아지는 소리같이 커질수록 그만큼 암컷에 대한 구애가 간절한 울음 같다. 짝을 찾는 연가는 울안을 채우고 넘쳐 흘러간다. 사랑을 하기 위해 온 정성을 다하여 이 한 몸 바친다는 각오로 울부짖는 것 같다.

매미는 잠도 없나 보다. 시도 때도 없이 앞다투어 울음을 품어내고 있다. 치~ 하는 긴 울음에 귀안이 멍멍해져서 이명으로 착각할 정도이다. 그 소리는 밤낮으로 나는 소음이 되어 불쾌지수를 높인다. 열대야로 잠을 설치는데 매미의 울음마저 함께하여 한밤을 고스란히 보낼 것 같다. 그 주범은 도시의 매미들이다. 그 울음은 떼쓰는 아기 울음보다 시끄럽다. 그것도 한결같아서 은연중 스트레스가 커지고 있다.

도시주변 생태계 균형이 한쪽으로 쏠려 그리된 것 같다. 그로 인하여 매미의 수가 엄청 많아지고 있다. 매미가 나무의 진액을 자양분으로 하기 때문이기도 하다. 나무에 피해는 없다. 소리만 들어도 온 마을의 나무마다 다닥다닥 붙어있는 것 같다.

매미도 환경에 따라 종류가 다르게 서식하는 것 같다. 매주 산책하는 치명자산 정상 가까운 성당 주변의 매미들 소리는 숲속의 하모니가 되어 맑게 들린다. "맴~맴~맴~맴~매-애애애맴" 듣기 좋은 참매미 소리다. 이 노래 소리를 들을 때 고향이 그리워진다. 그때는 관찰학습보다 채집하는 것이 재미가 있었다.

그 시절 친구들과 들과 산으로 다니며 즐거운 시간을 보냈다. 긴 하루 중 오후시간에 친구들과 개울에서 멱감으며 물장구치기, 물싸움, 옷 숨기기를 했다. 얼굴에 스멀스멀 거미줄이 엉겨 붙듯 땀방울이 흐르는 것도 잊고 손으로 더듬어 물고기 잡기를 신나게 했던 것이 어제 같다. 어둑어둑할 무렵 휘황찬란한 달 아래 벌레 소리 날 때의 정감 서린 밤을 잊을 수가 없다. 말매미 소리에 회상의 늪에서 빠져나왔다.

뭉게구름 사이를 비집고 나온 태양은 불가마에서 토하는듯 열기를 품어내고 있다. 땀방울이 이마에서 송알송알 맺혀서 손수건으로 닦으며 길을 걸었다.

매미 소리가 갑자기 커진다. 눈높이 가까이에서 울고 있다. 매미는 가로수 몸통 중상층 부위에 3쌍의 다리로 나무 표면을 앙증맞게 붙잡고 배를 볼록이며 세찬 소리를 내고 있다. 그것을 살며시 들여다보고 있으니 소리를 숨기고 미동도 않는다. 매미가 인기척을 느끼고 울음판의 떨림도 없이 죽은 듯이 있는 것을 왼손 검지로 가만히 겉날개를 누르려니 후다닥 날아간다. 허공을 멍하니 바라보다 무언가 아쉽고 허전해진다.

어둠의 지하생활에 그 긴 세월 견디던 굼벵이들이 탈피한 뒤 성충이 되려고 바쁘게 서두르고 있는 것 같다. 매미들이 조급해 하는 것은 살아있는 날이 짧다는 것을 알기 때문인 것 같다.

"맴맴" 소리가 나면 언뜻 방학책 삽화가 떠오른다. 그 삽화는 많은 상상을 하게 했다. 책 표지에 커다란 매미채와 나무에 붙은 매미 그림이 이제는 추억으로 남았다. 매미 울음이 그치면 더위도 한풀 꺾이면서, 그때쯤 귀뚤귀뚤 가을의 소리가 나겠지.

느티나무 노점

돌고 돌아가는 로터리 한가운데는 느티나무 한 그루가 우뚝 서 있다. 마을의 동구 밖에 수호신이 되어 오가는 이들에게 평안한 마음을 갖게 하고 교통 지킴이 역할을 한다. 우듬지 초록빛은 어느 섬의 등대처럼 차량과 오고 가는 행인들에게 시원한 희망의 빛을 주고 있다.

그 아래 노점에는 과일과 채소들이 햇빛을 받아 고운 빛깔을 내고 있다. 인도 바닥에 비닐돗자리, 박스, 보자기, 광주리 또는 맨 바닥에 늘어놓았다. 상자째 벌려놓고 오고가는 행인들 시선을 모으고 있다. 채소, 과일들 색깔들이 예쁘다. 그것 보는 재미가 쏠쏠하다. 열매채소 중 윤기와 색감이 뛰어난 것이 피망이다. 초록, 노랑, 빨강색이 화려하다. 연록의 오이, 하얀

무, 주황색 당근 등 알록달록 곱다.

명절을 앞두고 트럭에 과일을 잔뜩 가져와서 손님을 기다린다. 아내는 이곳에 과일 장수와 생선 장수가 올 때, 물건을 필요 이상 산다. 값이 싸고 맛도 있다. 덤도 많이 준다.

노천 상인들은 주변 마트의 물가에 대하여 미리 알고, 본인들이 가지고 나온 물건 가격이 마트와 걸맞게 판다. 자기들이 가져온 채소들을 깨끗이 손질하면서 오가는 손님들을 맞이한다. 철 따라 고구마순, 열무, 쑥, 호박, 복숭아, 앵두나 오디 같은 것도 있다.

언젠가는 아내가 껍질이 노랑이 아닌 까만 바나나를 두 뭉치를 사다 한 뭉치는 우리 먹고 한 뭉치는 손자와 손녀 가져다 준다고 하기에 안 된다고 했다. 냉장고에 보관한 것이라서 먹기에 큰 문제가 없다고 했다. 바나나 껍질을 벗겨보니 꼬투리 끝부분과 자루 끝 부분이 약간 상했지만 먹고 탈은 없었다.

이러하듯 아내는 시들어 있는 채소나 과일을 생각보다 많은 양을 헐값에 사 왔다고 흡족해 한다. 상인은 팔지 못하면 쓰레기로 버려야 하는데 돈이 되었으니 다행이고, 그러고 보면 모두가 주고받으면서 짧은 시간이지만 만족했다는 데 의미가 있다고 본다. 느티나무 노점에는 사람 사는 온기가 있다.

함께한다는 것

퇴직한 지 10년 조금 넘었다. 세월이 강물처럼 흘러가 되돌릴 수 없이 걸림돌에 부딪치며 돌고 돌며 아직도 흘러가고 있다. 마음은 언제나 변덕스럽게 오르락내리락 소용돌이치고, 작은 것에 얽매여 시시콜콜 따지며 잔소리만 늘어가고 있다. 알면 병이고 모르면 약이란 말이 명약이 될 때가 있다. 마음의 병이 되지 않게 때로는 우둔한 척하고 넘기면 한결 마음 편하다. 그게 지혜의 열쇠가 되기 때문이다.

직장에서 나올 무렵 선배들이 삼 년 안에 병고가 생길 수 있으니 건강관리 잘해야 한다는 말을 했다. 그 말을 듣고 은근히 두려운 생각이 들었다. 취미생활을 찾고 있을 때, 아내가 신문에 끼어 온 대학 평생교육원 전단지를 보라고 내밀었다. 심신 건강을 위한 과정으로 기초 수필창작 과정, 요가, 노인 체력 단련과정에 등록하였다. 나는 한 학기를 학우들과 다정다감하게 보냈다. 요가는 육체 건강에서 정신건강으로 마무리했다. 2학기 과정은 요가, 수필, 시문학에 등록하여 거의 2년 가까이 수업을 받았다. 좋은 분들 사이에서 보고, 듣는 동안 은연중에 사회생활 공부를 많이 했다.

막내며느리가 아이 둘을 키우며 힘들어 할 때였다. 아내는 몸이 부실하여 도와 줄 수가 없어서, 내가 도와주기로 하였다. 백일 지난 아이 돌보미 역을 하는 할아버지가 되었다. 아침 먹기가 바쁘게 출근을 하기 때문에 평생교육원 등록을 하지 못했다. 서울 성바오로딸 수도회 시청각통신성서교육원에서 8년간 교육받은 일이 있었는데 전북에서는 나 홀로였다. 그래도 우수한 성적으로 졸업했다.

막내며느리가 첫 손녀를 유치원을 보낼 때 학교에서 제공하는 텃밭 체험용 열 평이 좀 모자란 땅에서 시간을 보낸 적이 있다. 땀이 나고 힘들어도 채소와 열매가 잘 자라서 수확할 때의 기쁨을 잊을 수가 없다.

손자 유모차를 밀고 다닐 때 남 보기에 부끄러웠지만, 괘념치 않고 오로지 아이를 편하게 보살피기에 전념했다. 손자와 지내는 시간이 힘들어도 마음이 편하고 즐거웠다.

손주를 돌보는 것이나 채소를 가꾸는 일, 생명 있는 것과 함께한다는 것은 사랑을 배우는 것이라고 생각한다. 그것들에게 정성을 쏟는다는 것은 사랑하는 일이라 즐겁고 기쁜 일이었다. 함께한다는 것은 행복의 보고요. 사랑의 산실이요. 행복의 터전이다.

물그림자

간이역 광장, 그리움이 언제나 나를 부른다. 조부께서 힘들게 일하신 곳, 그곳은 옹기를 구워내던 곳이다. 아버지가 지나던 길이다.

하천 대교와 철교가 있다. 바로 그곳을 건너가면 집이다. 조부가 일하러 가시는 날에는 꼭 나도 갔다. 조부께서 주신 소나무 옹이나뭇조각을 관솔이라고 했다. 그것을 포대에 잘 담아서 멜빵끈으로 짊어지고 집에 가져다 놓으면, 한밤에 횃불이 된다. 막내 삼촌과 조부와 한밤중에 하천의 물가에 깊이 잠든 어른 메기와 새끼 메기를 삼태기로 건져서 모래밭에 내동댕이쳤다. 쏘가리, 동자개, 미꾸라지 등 깨끗한 물에서 자란 민물고기로 끓인 매운탕 맛이 그만이다. 그 관솔은 민물고기 잡는 데 요긴한 횃불이 되었다. 이승만 대통령이 기차로 지나간다고 산더미처럼 쌓인 소나무 장작더미를 아까시 가지로 덮고 있는 것을 목격하고 나는 이상히 여겼다. 국민이 대통령 눈속임을 하는 일을 보고 벌거벗는 임금님 이야기 생각이 났다. 가끔 간이역 하얀 회벽에 비치는 흑백 활동사진을 보면 신기하고 재미있었다. 광장을 지날 때마다 아련한 그리움에 젖어 들었다. 오랜 세월을 함께해 온 정든 곳이다.

간이역에서 완행열차가 쉬어갈 때면 석탄 연기가 자욱하게 피어오르다가 한참 후 사라졌다. 건널목 차단기 곁에 역무원이 기를 들고 서있다. 화창한 봄날이면 건널목부터 벚꽃 길이다. 그 길로 가다 보면 잠종장 사무실 있다. 뜰 앞에 큰 플라타너스 나무들이 있다. 양버즘나무다. 그 나무의 위용이 대단하다. 여름이면 시원한 그늘을 이루고, 가을이면 넓은 잎들이 널브러져서 맨땅이 보이지 않을 정도로 쌓여 푹신한 놀이터가 되었다. 황갈색으로 얼룩진 낙엽을 한 아름 움켜쥐고 공중을 향해 힘껏 던진다. 사방으로 흩어지면서 떨어질 때마다 환호성을 지르며 좋아했던 그때가 그리워진다.

루소의 《참회록》을 사춘기에 흥미진진하게 읽었다. 내용의 의미보다 막연하게 나와 관련하여 읽었다. 정신적으로 불우

한 아이들은 종교단체에서 국가와 사회를 위해 헌신적으로 돕는다는 사실을 알게 되었다. 아이 때와 소년 때 독서를 통해, 장년 때는 개신교나 천주교의 하느님을 알게 됐고 그로 인하여 하느님께서는 돕는 자를 돕는다는 생각이 들었다.

지난날 위험해 처했던 일을 반추해 보면, 현재 내가 사는 근방 인공호수에서 익사 직전에 구조되어 살았다. 영양실조와 채독으로 얼굴이 붓고, 밤눈을 볼 수 없었다. 골마루 바닥에서 잠을 자는데 석탄 연기를 마시고 사경을 헤매다가 살았다. 앞에 일들은 5, 6세 때 일이다. 십 대 때는 황달과 함께 고생하였다. 어려웠던 일들이 주마등처럼 지나간다.

어린 시절 장로교에 다니면서 하느님 아버지란 말을 듣게 되었다. 두 무릎을 꿇고 두 손을 모으고 기도를 했다. 그때 한 기도는 기억에 없다. 오로지 무엇을 얼마나 먹을 수 있을까에 온 마음이 집중되어 있었다. 우유와 약간의 음식을 얻어먹기 위해서 두 손을 모았다.

사춘기를 벗어나면서 심각하게 염세주의에 빠져서 또 다른 분열의 시련을 겪어야 했다. 길거리에 정신을 깔고 다녔던 일도 있다. 나이에 비해 왜소한 나를 시골 교회의 강도사님께서 무척 살펴주셨는데, 모 대학 철학과를 보내 주신다는 것을 조부의 만류로 포기했다.

내 아들 삼 형제를 손찌검을 한 기억은 나지 않는다. 나는 아이에 대하여 무관심할 정도였다고 생각한다. 하지만 내색하지 않았을 뿐 사랑하는 마음은 언제나 지니고 있었다. 자식에 대한 것에 대하여 모두 아내를 믿고 맡기다시피 했다. 하지만 아내는 아이들을 엄하게, 뜨거운 어머니의 사랑으로 키웠다. 아내는 검소하게 내핍을 하기 위해서 아끼고 또 아끼면서 아이들에게 최선을 다하여 먹이며 튼튼하게 잘 자라도록 힘썼다.

아버지가 자식들을 위해서 도움을 주지 못하여 항상 자식에 대한 면목이 없는데도 아이들 스스로 극복하고 사고 없이 잘 자라 줘서 고맙기만 하다. 아이들이 각자 가정을 바람직스럽게 가꾸고 있어 뒷받침한 아내의 헌신에 고마움을 잊지 않고 있다.

부모의 사랑이 아직도 아지랑이같이 나를 품고 있다. 부모님의 사랑이 짧은 것 같지만, 아니다. 늘 내 안에 그 사랑이 자라고 있다. 무슨 조화인지 내 삶의 동선이 모태에서부터 정해진 것 같은 생각이 든다.

아버지께서 잠종장 사무실 길을 자전거로 왕래하였다. 나를 자전거 뒤에 태워서 꽃길과 연못 구경을 시켜줬다. 그곳에 가면 줄지어 있는 보트가 보였다. 아버지는 나를 안아 안전하게 작은 배에 앉히고, 노를 잡고 저을 때마다 물결이 갈라지면서 배가 조용히 물살을 가르며 앞으로 나가는 것을 보고 뒤도 바라봤다. 나는 배 꽁무니에서 물살이 갈라지는 것이 재미있었다. 아버지는 나를 바라보며 미소를 잃지 않고 있었다.

수양버들가지 축 늘어져 있는 경사진 둑 밑을 지나서 보트는 솥뚜껑 같은 연잎들을 헤치고 갔다. 물그림자에 비친 그분의 얼굴이 보트가 가면 물결에 지워졌다. 물비늘이 아버지와 내 얼굴을 숨겼다. 보트에서 내려와 호수를 봤다. 호수에 또렷하게 그려진 얼굴이 있다. 나는 호수에 그려진 얼굴을 내 마음에 담았다.

썩배기

나는 죽은 목숨이나 다름없습니다. 나를 두고 이런저런 이름으로 부르고 있습니다. 썩은 나무그루터기인 나를 방언으로 고자배기, 썩배기, 고자바리, 고주박이라고 합니다. 내가 듣기에 거북하고 자존심 상한 것은 고자란 말이 들어간 이름 때문입니다.

시대 운을 타고나지 못하여 청년이 되기도 전에 톱질을 당하여 몸이 동강나 겨우 밑동만 남았습니다. 상처 난 부위가 사람 엉덩이만 받칠 정도가 되었습니다. 가지가 잘라진 거라면 옹이가 되듯 오므리기라도 하지만, 나의 경우는 민들바우가 되어버린 밑동아리가 겨우 송진으로 부위를 감싸는 정도가 되었습니다. 치유가 되는 것이 아니고 임시방편으로 썩는 것을 방지할 정도입니다.

옛날에는 임금이 치산치수하였기에 그래도 기둥이 될 장성한 나무들이 있었습니다. 소나무가 대부분 벌목 대상이 되어 간벌도 아닌 마구잡이식 산판이 되었습니다. 잘라진 원목들을 나르기 위해 '지에무시GMC'가 경사진 산등선까지 올라가 원목을 실었습니다. 그 차가 다니는 길을 산판길이라고 했습니다. 트럭은 종횡무진 밤낮 가리지 않고 제재소를 왕래하였습니다. 불타버린 마을 집짓기용이라는 명분으로 소나무가 잘라지기 시작했습니다. 그 그루터기는 이미 썩기도 전에 곡괭이 맛을 보고 흔적 없이 사라진 지 오래입니다. 이제 와서 지난날을 생각한들 뭐하겠어요. 가슴만 답답하고 한스러움이 풍선처럼 부풀어지기만 하지요.

나는 그래도 사유림에 있어서 다른 썩배기들보다 오래도록 아궁이 불구덩이 재가 되지 않고 있었습니다. 산지기가 있어서 용케 그늘지고 습진 곳에서 고통을 견디며 이름과 같이 고자배기가 되고 있지요. 한겨울이면 추위를 견디기 어려워 봄이 될 때까지 동태가 됩니다. 그 덕에 썩어가는 것이 방지가 되었는지. 잔뿌리를 제외하고는 몸에 습기를 지닐 수 있었습니다. 이미 뼈만 남아 있는데 그것도 일부 부식되어 흙이 되고 있습니다. 나와 비슷한 친구는 몸속에 개미의 보금자리가 있어 견디는 데 힘들어 보였습니다. 또 다른 친구는 구더기가 썩어가는 살점을 먹이로 삼고 있다고 합니다. 나는 험한 절벽 바위틈에 자리하고 있어서 사람의 손길을 피할 수 있었습니다.

사람들이 와서 발길로 툭 툭 치면 그냥 나가떨어지는 다른 썩배기들의 소리를 들을 때마다 간이 콩알만 해지면서 녹아서 내리는 것 같았습니다. 소년들이 망태기를 걸머지고 발길질하는 폼이 망나니 춤추듯 두 발을 흔들며 장난기까지 곁들여 휘두를 때 밉살스러웠습니다. 그 썩배기가 나동그라질 때의 고통을 아이들이 좋아하는 것을 바라보는 나는 온몸이 떨렸습니다. 직접 목격할 때 그 처절함과 공포감이란 하루살이 목숨이나 크게 다를 것이 없었습니다.

나는 고자배기 맞습니다. 고질병에 걸려있는 병자입니다. 썩배기가 된 나도 한때 꽃피우고 잎을 피운 적이 있습니다. 이제 고요히 앉아 오고 가는 계절을 보고 있습니다.

어느 날, 어느 소년의 발길에 쓰러져서 가난한 집 아궁이에 들어간다고 해도 괜찮습니다. 그들의 언 몸을 녹여 행복할 것입니다.

어느 날

달력을 바라보니 결혼식 초대받은 날이다. 이제 기억에 의지하기보다는 달력에 간단하게 메모하고 있다. 그것을 조석으로 보고 그날과 다음날 할 일을 미리 눈여겨본다.

달력을 보고도 깜박 잊고 그냥 지나치고 만다. 그때마다 모임약속을 어겨 실없는 사람이 되기도 한다. 아내와 나는 서로 생각날 때마다 확인해 주면서 노년의 어려움 하나를 서로 챙겨준다. 아내는 오늘도 결혼식 갈 준비를 미리 하라고 귀띔을 했다. 지나칠 정도로 챙길 때는 짜증도 난다. 하지만 이게 다 나이 들어서 오는 자연적인 현상으로 보고, 거동이 불편한 아내를 연민으로 받아들인다. 오늘도 책을 읽으면서 외출 시간을 기다리고 있는데 시간 다 되어간다고 재촉한다. 여유시간

있기에 차분하게 축의금 봉투도 준비하고, 입고 갈 양복도 챙겼다. 새로 산 양복에 코트까지 걸치고 나섰다.

외출 준비가 다 된 나에게 아내는 309번 버스에 승차하여 경찰서 앞 정류장에서 내려 바로 횡단보도 건너서 아름다운 컨벤션 웨딩으로 가면 된다고 알려준다. 현관을 나서서 한참 걷다가 위를 쳐다보니 먹구름이 무겁게 펼쳐있다. 혹시 눈비가 올 것 같아 가던 길을 되돌아서 우산을 챙겨 들고 나왔다. 승강장에서 들어서는 중 기다릴 새도 없이 바로 시내버스에 승차하여 자리에 앉았다.

오늘따라 승강장마다 내리는 사람보다 승차하는 사람이 많았다. 히터 열기까지 더하여 차 안이 후덥지근해졌다. 공기 순환이 되지 않아 매캐하고 역겨운 냄새까지 솔솔 후각을 자극한다. 앞좌석 중년 여자 승객이 흰 마스크를 하고 앞 창문을 열었다. 찬바람이 날쌔게 들어온다. 앞사람이 기침을 심하게 한다. 환기 시키려고 차창을 열면 찬바람에 기침을 하게 되고, 열지 않으면 답답하다. 득실은 언제나 공존하는구나. 득실의 사이에 균형과 조화가 필요하다. 창문을 닫고 히터를 끄면 된다. 바로 그게 함께 나누는 일이다.

만원滿員 버스에 승차하고 보니 옛날 버스 여차장이 떠오른다. '오라이' 소리가 귓가에서 들리는 것 같다. 그 시절 시골과 도시를 왕래하는 직행버스와 일반버스에 남녀 차장이 있을 때다. 버스 내에 많은 사람의 틈을 밀착시키는데 기사가 급 브레이크 밟으면 기울어지면서 몰릴 때 여차장은 잽싸게 버스 출입문을 양손으로 움켜쥐고 버티며 배로 힘차게 안으로 밀어 넣었다. 문을 밀어 닫고 '오라이' 하면, "아이고." 소리가 여기저기서 나다가 조용해졌다. 버스는 신작로 따라 먼지를 뒤집어쓰고 덜컹덜컹 자갈길을 힘들게 굴러갔다. 만원버스는 40~50킬로 속력으로 정류장도 없이 가다 쉬고를 반복하면서 종착 정류장까지 간다. 1960년대 추억이 미소 짓게 했다.

아내가 일러준 곳이 아닌 앞에 있는 승강장에서 미리 내렸다. 한 구간을 더 가야 하는데. 지역의 위치를 분간 못한 것이다. 시간은 자꾸 갔다. 길눈이 둔하면 다른 눈이라도 분명해야 하는데 …. 축의금 전할 여유 시간이 얼마 없다. 마음이 조급해진다. 급할수록 돌아가라고 했는데, 횡단하려고 해도 안전 보호 플라스틱 가로막이를 건너갈 수가 없다. 찰칵찰칵 시계 초침 소리와 심장 박동 소리가 함께 경쟁하듯 빠르게 시간을 재촉하고 있다. 횡단보도에 가까이 가자 의경과 교통도우미들이 바쁘게 붐비는 인파와 차량을 안내하며 통제하고 있다. 나만 우산을 지니고 다니기가 겸연쩍다. 약간의 눈비라도 오다가 그치면 체면치레라도 되는데 그것도 아니고 어찌 보면 남의 잔칫날 비라도 오기를 바란 것 같이 우산과 함께하기가 민망했다.

녹색 신호등 기다리는 시간이 길기만 했다. 일각이 여삼추라고 했는데 이런 경우를 두고 하는 말 같다. 감정의 시간과 시계의 시간은 서로 다른 느낌이 든다. 횡단보도를 건너 바쁜 보폭으로 걸어도 속보가 아니고 더디기만 했다. 꼭 꿈속에서 무서움에 쫓기는데 발이 제대로 떨어지지 않는 것 같다.

결혼예식장 현관문을 들어서는데 아는 분이 하객을 맞이하는 곳을 알려준다. 얼른 그곳에 가서 신부 양친에게 축하 인사하고 신부 접수하는 곳에 축의금을 냈다. 접수하는 곳에서 식권을 받았다. 3층까지 가는데 사람들이 오르고 내리는데 질서가 없어 스치고, 부딪칠 것 같다. 접시에 밥과 담백한 음식으로 알맞게 접시에 담았다. 빈자리를 찾으려고 살폈다. 안쪽에서 겨우 찾은 자리에 염치없이 앉았다.

겨우 얻는 자리가 좌우로 젊은이들이 있어 나이 든 내가 그 사이에서 음식을 먹기에 눈치가 보였다. 틈바구니에서 준비한 음식을 깔끔하게 먹었다. 후식 과일을 챙겨서 먹으려다가 그만뒀다. 사람들 사이를 비집고 다니기가 번거롭고 자리마저 얻기가 힘들고 준비한 음식으로도 한 끼 중식으로 족하기 때문이다.

붐비는 사람들 사이에 내가 있다는 것이 기분이 묘하게 좋았다. 언제나 나 홀로 있을 때가 많았다. 날씨도 청명해지고, 예식장에 온 사람들이 즐거워 보였다. 오늘 결혼한 신랑 신부가 아들 딸 구별 말고 3명 이상 아기를 갖기를 바라면서 예식장을 나왔다. 새댁과 신랑이 행복한 가정을 이루길 빌면서….

풀 향기 어머니

시골로 떠나는 피난길이었다. 하룻밤을 허름한 주막 마당에서 지내게 되었다. 마당 가득 향긋한 모깃불 냄새가 진동을 했다. 하늘에는 별들이 초롱초롱하고 풀벌레 소리만 세상에 가득했다. 멍석 위에서 시름이 가득한 어머니가 동생을 안고 말없이 나를 바라보았다. 하얀 무명저고리와 치마에서 나는 어머니 땀 냄새를 모깃불 연기가 감쌌다.

어머니는 다시 처량한 모습으로 하염없이 밤하늘을 응시했다. 어머니의 한숨 소리와 같이 별 밭에서 별똥별이 연이어 떨어졌다. 그 한숨 소리가 별똥별을 불러오는 것 같았다. 바람이 모깃불 연기를 몰고 가는데 별들은 무심한 듯 반짝거렸다. 지금 생각하면 그때 줄을 긋고 사라지던 별똥별이 어머니와 동생과의 이별을 알려주는 신호였나 싶다.

일곱 살 무렵에 어머니 안 계시는 외갓집 신세를 져야 했다. 소달구지가 지나면 먼지가 자욱하게 나는 폭 좁은 신작로 길이 있었다. 산자락을 따라 난 쓸쓸한 길, 어머니가 동생 업고 내 손목 잡고 걸었던 길이다. 외갓집에서 조금 벗어난 개울가 길 언덕에 하얀 억새가 떨고 있었다. 석양 무렵 억새 사이에 웅크리고 앉아서 부모님 생각에 넋을 잃고 있었다. 언덕을 넘으면 무엇이 있을까? 산을 넘으면 무엇이 있을까? 그곳을 떠나 멀리 가고 싶었다.

어린 시절에 시냇물이 흐르는 곳에서 알몸으로 미끌미끌한 검정말과 붕어말을 붙잡고 물살에 밀려나지 않으려고 버티던 일이 어제 같다. 어머니 빨래하시는 동안 물장구를 치다가 몸을 말릴 때 하얀 냉이꽃이 언덕 가득 피어 있었다.

어머니 얼굴이 생각나지 않아 고통스러웠다. 보고픈 어머니였기에 더욱 그랬다. 아버지의 사진은 있지만, 어머니의 사진이 없기에 보고 싶은 마음은 더욱 커지기만 하였다. 어머니의 얼굴을 마음속에 아름답게 그리면서 세월을 보냈다. 불혹의 나이가 되어서 어머니의 사진을 간직하게 되었다. 당숙께서 내 간절한 마음을 아시고, 어머니와 각별히 지낸 분으로부터 사진을 얻었다고 했다.

사진 속 어머니는 흰색 무명 한복을 입고 두 손을 앞으로 하고 쌍가락지를 끼고 있었다. 전형적인 시골 여인의 순박한 모습이었다. 키와 얼굴이 작아 보였다. 예쁜 모습만 상상해서 어색했지만 풀꽃 같은 여인이었다.

대여섯 살 되던 해 일어난 6 · 25한국전쟁은 부모님과 동생을 앗아갔다. 아버지가 먼저 돌아가시고 어머니와 나와 동생은 조부모님이 계시던 시골에 가서 잠깐 살았다. 그곳에도 세상 모진 바람이 불었다. 인민군과 국군이 대치하고 아무것도 모르는 양민들은 이리저리 휩쓸리며 목숨을 이어가기에 급급했다. 그 와중에 무고한 사람들과 함께 어머니도 돌아가셨다.

그때부터 걷는 길은 가시밭길이었다. 증조할머니께서 치마폭에 어린 나를 감싸 바람을 막아주었다. 배가 고팠던 나는 틈을 타서 몰래 다람쥐처럼 감나무에 올라가 홍시를 따 먹었다. 조부는 먹감나무 홍시가 축나는 것이 나의 소행이란 것을 알고도 눈감아주었다. 작은아버지는 부모 잃은 어린 짐승 같은 나를 말없이 품어 주셨다. 모두들 힘들었던 시절, 나를 거두어 준 고마운 분들이 계셨지만 군식구로 살아가는 일은 늘 허기졌다. 마음을 의지할 곳이 없었기에 더 그랬을 것이다.

어린 시절 부모님과 경찰관사에 살 때였다. 달걀 꾸러미를 들고 뛰다가 모두 박살 낸 것을 보고, 어머니는 종아리를 때리셨다. 달걀이 아까워서가 아니고, 개구쟁이 짓 하는 것이 속상하여 그러셨다. 참새 잡는다고 기와를 깨뜨리고, 호박에 막대기 박고 이웃 옹기그릇을 박살내기도 했으니 자식의 버릇을 바로잡으려고 호되게 매를 드셨다.

세월이 갈수록 문득문득 부모님 생각이 난다. 푸르고 꽃향기 가득한 오월이다. 오솔길 따라 하얀 찔레꽃 향기 넘쳐나는데, 어느새 눈에서 또 눈물이 매달린다. 선산 아버지 묘소 곁에 나무판에 쓴 명패로만 남은 어머니가 더욱 아프게 떠오른다. 어느 산야 계곡인지 알 수 없지만, 어머니가 양지바른 곳 언덕배기에 한 줌의 흙이 되어 계시기를 바란다.

며느리가 하얀 백합과 카네이션을 사왔다. 내가 꽃을 좋아한다고 한 다발씩 사 왔다. 활짝 핀 꽃도 있고 수줍게 고개 숙인 봉오리도 있다. 아내는 꽃향기가 좋다고 꽃에 연신 코를 대고 기분 좋게 웃었다. 비염 때문에 냄새를 잘 못 맡는 내 코에는 연한 풀 냄새만 났다. 청초한 백합을 보는데 어머니의 하얀 무명 치마저고리가 환상처럼 스쳐갔다.

빨강, 노랑 화려한 꽃보다 흰색 꽃에 마음이 끌리는 것이 마음 깊은 곳에 각인된 어머니의 무명 옷 빛깔 때문인가 보다. 그리고 피난길 밤에 맡았던 모깃불 풀 냄새가 어머니 냄새인 듯 새겨져 있다. 겨울을 견디어낸 쑥을 뜯어 코에 대고 숨을 쉬면 어머니 냄새가 난다. 풀꽃처럼 살다 가신 어머니, 해마다 아이들이 내게 꽂아주는 꽃 한 송이 받아보지 못한 어머니. 어머니는 하얀 꽃, 풀 향기로 내 가슴속에서 아린 숨을 쉰다.

원추리꽃

산골 마을 따라 굽이굽이 신작로가 보인다. 그 길 따라 층을 이룬 전답이 초록으로 물들어 있다. 풀숲으로 가려져서 논밭 두렁도 보이지 않는다. 그곳에서 풀꽃을 찾아 왱왱, 찌르륵찌르륵, 푸덕푸덕 벌레 소리와 새 날개짓 펼치는 소리가 난다. 풀숲은 새와 벌레들의 보금자리가 되었다.

겨우 두렁 경계를 드러내 보여주는 것이 뽕나무다. 꾸지뽕나무 열매와 오디 열매가 사람에게 좋다고 하여 심어 놓은 것이다. 농촌의 소득자원으로 도롯가에도 꾸지뽕나무를 심고, 논둑과 밭둑에도 뽕나무를 심어 놓았다. 세월 따라 한때는 비단 옷이 되는 누에 먹이가 뽕잎이었는데, 지금은 식용열매가 되었다.

논도 밭도 풀밭 세상이다. 주인이 경작하기가 버거워서 무관심했거나, 외지에 살고 있어서 묵정밭으로 남아 있는 것 같다. 버림받은 논밭에 명아주와 망초는 키 대보기를 하는데 쑥도 끼어들어 허리를 펴고 까치발까지 해보지만 어림없다. 마파람이 불어온다. 그 바람에 풀들이 물결처럼 일렁인다. 망초가 하얀 얼굴로 보란 듯이 흔들거린다. 노랑 원추리꽃이 황토언덕에서 살며시 고개를 내민다. 지난날 황톳길이 떠오른다.

산등성이 내리막 언덕바지 황토 땅에 동생이 자리 잡고 있다. 그 자리에 칠월의 땡볕에 긴 목을 빼고 꼿꼿하게 서서 귀도 쫑긋 형아 발걸음 소리를 기다린다. 외롭게 홀로 서 있는 원추리꽃으로 동생이 환생한 것 같다. 뭉게구름이 피어오른다. 어느새 머리 가까이 먹구름이 펼쳐있다. 빗방울이 노랑콩 튀듯 떨어진다. 꼭 그 아이의 서러운 눈물방울이 떨어진 것 같다.

동생은 네 살 때 엄마 품이 그리워 끝내 병이 나 멀리 갔다. 아마 가엾어서 엄마가 데려간 것 같다. 동생이 그리워지면 황토에 묻힌 곳을 찾았다. 그때도 노랑꽃이 나팔 모양을 하고 나를 바라보고 있었다. 그 나팔은 형을 기다리는 꽃이 되어 망우초가 되었다.

언제나 내 눈에는 가련하게 보인다. 망우초가 되어 행여 기다리다가 지쳐 쓰러지지 않기를 바란다. 비바람에도 잘 견디기를, 튼튼하게 활짝 핀 꽃이 오래오래 그 자리에 있기를 간절히 바라면서 발길을 돌렸다.

동생이 지게 위에 얹히어 황톳길 따라 엄마 찾아가는 날, 따라나서는 나를 극구 오지 못하게 말렸다. 지게가 보이지 않을 때까지 물끄러미 서 있었다. 시간이 지난 후에 무작정 아우가 가 있는 곳을 찾았지만 헛걸음만 했다. 동생이 잠들어 있는 곳이 평장이어서 더욱 난감했다.

허탈해지면서 슬픔이 몰려왔다. 서러움이 복받쳐 어깨를 들먹이며 흐느껴 울었다. 어린아이의 피눈물이었다. 축 늘어진 발걸음으로 흐느적흐느적 슬픔을 이기지 못하고 눈물을 손등으로 훔치며 황토에 잠든 곳을 등지고 돌아섰다. 기억 속에 남은 중의 바지 내 모습이 너무나 초라해지면서 안쓰러워 보인다.

동산을 내려가는데 하얀 연기가 피어오른다. 길가에 불을 피워 소각한 잔불이 남아 연기를 피우고 있다. 군인들이 잠시 머물다 간 자리에 박격포탄 케이스, 두꺼운 종이상자, 통조림 깡통, 잡다한 쓰레기 타다 만 것들이 보였다. 잔불 연기가 가

물가물 피어오르고 있었다. 냄새가 독하게 매캐하게 났다. 지금도 그 연기 냄새와 초가집 볏짚 타는 냄새가 생생하게 뇌리를 떠나지 않고 있다.

뽕나무밭으로 향했다. 오디를 따먹기 위해서이다. 잘 익은 까만 오디는 보이지 않고 오디 자루 부분은 희면서 연두색에 빨간빛을 띤 열매가 씽씽하게 대롱거리고 있다. 별수 없이 설익은 오디를 입에 물었다. 신맛에 떨떠름하여 도저히 먹을 수가 없었다. 속이 몹시 상하였다.

뽕나무 사잇길 고랑 언덕바지 잔디밭에 털퍼덕 앉았다. 동생이 그리워진다. 어머니는 나와 동생 때문에 돌아가신 것 같다. 우리를 굶기지 않으려고 식량을 구하기 위해서 외가를 찾아 나섰다. 그때 동생이 서럽게 울었다. 달래도 막무가내 울음을 그치지 않았다. 아우의 긴 울부짖음은 어머니와 이별을 예감한 통곡이었다. 어머니는 새벽 혹한 서리에 칡 갈잎처럼 짧은 청춘의 삶을 살고 먼 나라로 갔다.

어디서 동생 말소리가 들린다. '형아! 기차 온다.' '응, 나도 듣고 있어.' '기차에 엄마도 올까?' '나도 그랬으면 좋겠다.' 오디를 서로 입에 넣어주고, 입에 검보라색 자국이 묻어난 것을 마주 보며 형제가 도란도란 정담을 나누는 환상에 빠져 있었다.

세월이 흘러갈수록 그리움은 하절의 녹음같이 짙어만 간다. 그 아우는 무척이나 나를 의지했다. 나도 아우 마음과 같다. 철부지 나는 소중한 아우가 뼈에 가죽만 붙어 있어 불쌍해도 어떻게 해 줄 수가 없었다. 지금도 누구보다도 절실히 생각나는 것이 동생이다. 그것은 아우가 이 세상에 없기에 그렇다고 할 수 있지만, 기억 속의 깡마른 아우가 애처롭기 때문이다.

나는 막대기를 챙겨서 반하를 캐려고 했다. 할아버지께서 《동의보감》에 나오는 민간 단방요법에 대한 것과 한약에 대한 의서를 눈여겨 읽으셨다고 한다. 뽕나무밭에 가 반하를 캐오면 돈이 된다고 했다. 반하는 많은데 그 뿌리가 너무 깊어서 캐기가 무척 힘이 들었다. 어린 나는 캘 수가 없다. 막대기를 가지고 후비다가 그만두고 먼 산 바라보고 있었다. 동생 없는 슬픔을 언제나 가슴에 안고서 하루하루 외롭게 보냈다.

어려운 어린이 돕기에서 미국으로 입양 가란다. 다행히도 부친 기일에 취소가 되었다. 부친께서 숙부의 꿈에 나타나 홀로 남은 조카를 부탁한다는 하소연을 했는지는 알 수 없다. 부친 꿈 이야기를 어렴풋이 들었다. 묘하게도 구만리 미국 가는 배는 조카에 대한 인정 때문인지, 현몽 때문인지는 알 수 없지만 없던 일이 되었다.

원추리꽃처럼 짧게 피었다가 엄마 찾아간 아우다. 해 뜨면 꽃이 피고 해 지면 꽃도 진다. 오디를 입에 넣어주면 잘도 받아먹고 입가에 검보라색이 묻어난 것을 보고 빙긋이 웃던 때가 그리워진다. 마음에 늘 피어있는 사랑의 꽃, 노랑원추리꽃을 내 안에 심는다.

물바람 소리

천장에서 소리가 난다. 그 넓은 천장 바닥에 빠끔하게 자리한 냉난방 기구가 알맞게 자리하고 있다. 실내 온도에 따라 열기를 조정한다. 새벽 미사일인데도 일부만 열어 교우들의 땀을 지우고 있다. 안팎의 출입문 여닫는 소리 외에는 공기도 묵상하는 시간이다.

나는 고요의 공포에 숨을 죽이고 가수의 '진정인가요?' 애간장을 녹이는 소리가 귓가에 맴돌고 있을 무렵이다. 고요를 깨우는 물소리가 쏟아진다. 오뉴월 염천에 교우들의 몸에서 모락모락 열기가 피어오르고 있다. 그 열기 사이에 냉기를 끼얹는 버튼의 위력에 고개를 들고 천장을 멍하니 쳐다보며 거울 속으로 빠져들어 가듯 꿈을 꾸기 시작했다.

좁은 틈바구니에서 밀려나오는 비명과 아우성이었다. 검은 바위를 닮은 먹구름이 힘에 겨웠나. 거칠고 억세게 비가 퍼붓고 갔다. 바위와 돌 모래가 발가벗고 깡마르게 웅크리고 말라가고 있었는데, 먹구름이 골짜기의 물로 변신한 것이다. 개울을 포근하게 감싸고 물놀이 할 사람들을 부른다.

바위에 부딪혀 하얀 날개를 펼치며 돌아가며 바람 소리를 낸다. 바람은 솔방울을 가득 단 나무 솔잎 사이를 어루만지며 물소리를 흉내 낸다. 바람 소리인가 물소린가 구분이 어렵다. 물소리와 솔잎을 쓰다듬는 소리가 화음이 되어 천상의 소리처럼 들린다.

종소리에 나는 고개를 들었다. 내 영혼도 함께 바람 따라 물따라 가고 싶어진다. 모든 것 다 버리고 가볍게 떠나고 싶어진다.

실내에 긴 나무 의자가 폭 좁은 책상 구실을 하고 있다. 그 의자 아래 이중으로 작은 휴대물건을 넣을 수 있는 공간이 있다. 모든 의자는 깔끔하게 윤기가 나면서 흠이 없는데, 내가 앉은 의자 앞에 물건을 넣을 공간에 작은 흠결이 보였다. 그게 옹이가 있던 곳이다. 나무도 상처를 받으면 그 흉터가 남아서 흉하게 보인 데다 머지않아서 그곳이 돌아 빠져 구멍이 된다. 나무들은 상처의 고통을 참고 견뎌내기 어려워 바람에 하소연하는 것을 볼 수가 있었다.

치명자산 인도와 도로 폭을 넓히기 위해 큰 가지를 잘린 옹이가 애처롭고 쓸쓸해 보였다. 그곳을 지날 때마다 나무가 바람에 하소연하며 우는 소리를 듣는다.

시냇물도 함께 울 때 나도 울었다. 그 우는 소리는 물바람 소리였다.

2. 생명의 소리

관솔 횃불

관솔 횃불이 피어오른다. 불이 타면서 어둠도 태우고 있다. 송진 향기가 향긋하다. 불빛 아래 송진이 지글지글 끓는 소리를 낸다. 불꽃이 밝아진다. 별들은 이미 시냇물에 몸을 담그고 깜박깜박 눈인사를 한다. 횃불 물그림자도 별 곁에 가 있다. 여울물 흐르는 소리가 한밤의 정적을 가른다.

노인과 어린아이는 시냇가 모래톱 언저리에 양동이, 삼태기, 관솔 조각을 늘어놓고 있다. 바지를 걷어 올린다. 손자는 검정 고무신, 할아버지는 하얀 고무신 신고 물가에서 조심스럽게 들여다보고 있다.

송진 횃불이 황갈색과 적황색을 띠며 산기슭을 타고 온 바람에 춤사위처럼 훨훨 타며 일렁거린다. 그 불은 마치 무당이

한 많은 혼을 불러오듯 물체를 두드리는 것 같다. 여울져 흐르는 물소리가 아이의 귀에 희미하게 들린다. 밤은 깊어 고요하다. 그 고요는 물 흐르는 소리가 점점 더 울리게 한다.

검은 그림자 둘은 아이의 엄마와 동생의 혼처럼 관솔 불길 따라 움직인다. 관솔 불길은 아이에게 입맞춤이라도 하듯이 가까이 대든다. 아이는 뜨거운 불길을 피하려고 목을 이리저리 갸웃거린다. 아이는 돌멩이 감정이 되어버렸다. 희로애락을 잊어버려 늘 무표정하였다. 노인은 언제나 아이에 대해 지극한 관심보다는 평범하게 대한다. 힘들게 세파에 시달리는 노인도 감정이 무디어져 버렸다.

도시 간이역에 광장이 있다. 그 주변에는 옹기 그릇 굽는 가마가 있다. 언제나 장작이 산더미같이 쌓여 있다. 트럭에 소나무 원목을 가득 싣고 온 것을 가마 앞 빈터에 부려 놓는다. 원목을 톱으로 동강 내면 그 토막을 도끼로 빠개 장작이 된다. 조각난 옹이가 송진이다. 송진은 단단하다.

그곳에서 노인은 힘들게 일을 한다. 노인은 어린 손자를 일터로 오게 한다. 그곳에 관솔과 조각 나무를 포대에 담아서 가져가게 한다. 멜빵끈으로 걸머지고 철길 따라가다 쉬기를 여러 번 한다. 철교를 건너가면 쉬운데 무서워서 건너가지 못하고 좀 멀리 돌아서 신작로 다리로 간다.

아이는 어깨가 휘어질 정도로 무거움을 느낀다. 아이는 빨리 집에 가서 굴렁쇠 굴릴 생각을 했다. 하지만 힘이 들고 자꾸 잠이 온다. 그리고 흙벽에 공치기 할 것도 생각하고 간다.

아래채 장교 아저씨 집에 아이 보기를 했는데, 아줌마가 쌀밥을 먹으라고 했다. 먹지 않고 왔다. 부끄러웠다. 아기 엄마는 어린 소년이 가여워서 그런 것 같다. 아이는 그냥 아무 생각 없이 매일매일 막연하게 살아간다. 어느 때는 하늘나라 부모님께 가고 싶을 때도 있었다. 나이가 어려서 죽음에 대해 알지 못했다. 아이는 늘 공상을 한다. 부자가 되는 공상을 하거나, 가난한 사람 도와야겠다는 생각도 한다. 그래야만 짐이 무거움을 덜 느끼기 때문이다.

아이는 관솔불을 들고 할아버지는 삼태기를 들고 물고기 뜨려고 준비를 하고 있다. 물가에 메기 두 마리가 잠을 자고 있다. 한 마리는 크고 한 마리는 작다. 엄마와 새끼 같기도 하고, 암수 같기도 했다. 그것을 인정사정 두지 않고 삼태기로 건져 모래밭에 내동댕이쳐 놓았다. 모래밭에서 뛰다가 죽은 듯이 있다. 손으로 잡아 양동이에 넣으려고 하면, 어디서 그런 힘이 생기는지, 미끄럼을 타고 손을 빠져나간다. 물 가까이 있으면 다시 메기는 물속으로 가버리는데 모래밭에서는 할 수 없이 잡힌다. 모래가 묻어 있는 채로 메기를 양동이에 담는다. 야심할 때 횃불을 들고 메기를 잡는다. 충분히 먹을 수 있는 메기를 아이와 노인이 얻었다. 아이는 엄마의 입맛을 닮았는지 비린내 나는 물고기를 좋아하지 않는다. 배가 고파도 그 매운탕을 잘 먹지 않았다. 먹성이 좋아야 복을 받는다고 어른들은 귀가 아프게 말하지만 듣는 척도 않는다. 아이는 누가 무엇을 주면 얼른 받아먹지 않는다. 홀로 갇혀 있는 버릇은 오랜 시간 동안 눈칫밥을 먹은 것이 원인 같다. 마음에 괴로움을 덜 받기 위해서 항상 거리를 두려고 한다. 진실한 사랑은 내가 희생하고 이웃을 위하는 일인데, 그게 쉽지 않다.

밤하늘의 별은 메기가 잡혀서 양동이에 있는 것을 보고 슬퍼 울고 있다. 관솔이 몸을 태우는 것을 바라보면서 별들의 눈물이 이슬이 되어 대지를 적시고 있다. 송진은 불타면서 빛을 내고 연기로 사라졌다. 연기로 사라지면서 착한 일을 못하고 메기들을 죽게 했다고 한다. 별들은 생물들의 영혼이 별나라로 오기를 기다리고 있다. 별들이 흘린 눈물이 이슬이 되어 동트기 전까지 내리고 있다. 모래밭 자갈들이 별들이 흘린 눈물에 촉촉하게 젖어 있다.

등나무

토요일 해가 서쪽을 향하여 줄달음친다. 등나무는 봄에는 연록 잎이 예쁘게 자라면서 등나무 지붕이 되어가고, 꽃철이 되면 보라색 등꽃이 샹들리에처럼 아름답다. 계절에 맞게 여러 모습으로 쉼터가 되어준다.

돌개바람이 간혹 심술을 부리듯 등나무 밑을 휘젓고 지나간다. 그 바람에 성당 안으로 황갈색 낙엽이 가볍게 나비처럼 날아 깊숙한 구석으로 잠행潛行도 한다. 등나무 아래 콘크리트 의자가 선사시대 고인돌 모양으로 한 공간을 차지하고 있다. 의자는 딱딱하고 찬 느낌을 준다. 그곳에 자리할 때는 널빤지 크기의 스티로폼과 종이상자 조각을 엉덩이에 대고 앉아서 담소를 나누는 것을 자주 본다.

등나무 아래에는 낙엽과 삭정이에서 떨어진 가시랭이가 널브러져 있다. 상자와 벽면에 들어간 잎을 검지와 중지로 살며시 잡고 한잎 두잎 조심스럽게 끄집어낸다.

성당 청소 후 물끄러미 등나무를 바라봤다. 지난날 살던 아파트의 등나무가 생각난다. 내 집이 소형 아파트 단지 보통평수 5층 건물인데, 요즘에는 다세대 주택이라고 해도 무방하다. 맹모삼천지교처럼 아이들을 위해서 초등학교 후문에 자리잡았다. 아이들 셋이 한없이 뛰어놀기에 좋아서이다. 신축 아파트가 완전히 마무리되지 않은 가운데 입주를 했다.

공터에 콘크리트 기둥을 세우고 긴 시렁을 듬성듬성 놓아 등나무 쉼터를 세웠다. 조형물 인조 지주는 보기에는 통나무와 같은 모양이다. 서까래까지 고정한 후 양쪽에 회초리 크기의 등나무 묘목을 두 곳에 심었다. 등나무는 아이들 중고등학교 갈 세월만큼이나 자라 잎과 가지가 무성하다. 어느 날 아내가 등나무 삭정이가 쌓여있는 것을 치워달라고 사정을 했다. 나는 과감하게 가위질을 했다. 나무 몸통이 뒤틀리어 보기에 흉해도 그늘과 초록 잎이 보기 좋았다.

연녹색 줄기 순이 머리를 들고 바람에 흔들릴 때 그리스신화에 나오는 흉측스러운 괴물인 머리가 아홉 달린 뱀 히드라를 연상하게 한다. 등나무에서 나온 낙엽과 줄기가 소형 한 트럭은 넉넉하다. 전지할 때 큰 줄기를 과감하게 잘라서 다음 해에 무성하게 하지 않게 하려고 했는데….

등나무는 콩과의 낙엽 만목(덩굴) 관상수다. 언제나 등나무 쉼터는 깨끗하게 청소가 되어 있다. 더러 낙엽과 마른 줄기들이 쉼터 아래 너저분하게 널려있다. 청소를 자주 해야 하는 일이 버거운 일이기도 하다. 청소가 귀찮다고 하지만 그래도 노천 쉼터가 그늘 중에서 시원하기는 으뜸이다.

어느 아파트에는 플라스틱 지붕을 투명으로 고정했다. 지붕 위에 등나무 덩굴이 가득 덮고 있다. 비가 오나 눈이 오나 낙엽이 없어 번거로움이 없는 쉼터다. 이 쉼터는 바람이 수평으로만 내왕하고 수직으로는 통하지 않아 좀 답답한 느낌을 준다. 어느 곳이나 등나무 쉼터에는 모기가 달갑지 않다. 모기의 극성만 없다면 정담을 나누는 장소로 좋은 곳이다.

등꽃 하면 보라 샹들리에 등처럼 아름답다. 질서 정연하게 대롱대롱 달린 연보라의 자태는 5월의 장미 버금간다. 등꽃은 등처럼 매달려서 등이 아니고 등나무의 꽃이 등꽃이 되었다. 꽃향기 그윽한 쉼터가 되어 준 등나무를 혐오스럽게 바라본 변덕스러운 마음 또한 자연스럽다고 봐도 될 것이다. 여름이 되기 전에 꽃잎은 비행하기 시작한다. 바람이라도 불면 눈처럼 날린다. 아기 나비가 되어서 바닥을 향한다. 꽃잎을 떠나보낸 강낭콩보다 큰 꼬투리는 시렁 사이로 꽃 송아리 자리에 매달려 있다.

쉼터에서 대화 중 의견이 상충하여서 갈등이 생긴다. 그러다 보면 감정의 골도 깊어진다. 갈등을 해소하려면 낮아지고 마음을 비워야 한다. 갈등은 칡과 등나무를 함께하여 이르는 말이다. 등나무는 예부터 선비들이 천하게 생각했다. 집안에 이 나무가 있으면 집안일이 잘 안 되고 걱정거리가 떠나지 않는다고 여겼다.

등나무가 우리에게 여러 모로 도움을 주었는데 보기에 마음에 들지 않는다고, 천시하고 지저분하게 한다고 고사시키는 일도 있다. 등나무가 나름대로 그늘을 만들어서 땀을 닦아주는가 하면 풋풋함과 싱그러운 신록으로 기분을 상쾌하게 해준다. 빛깔 고운 연보라 화사함으로 신선한 아름다움을 뿜어낸다. 등나무 쉼터에서 오늘도 정담이 오고 간다.

은행나무

승암산 발치에 자리한 한옥마을 향교 뜰을 찾았다. 늘 그 자리를 지키고 있는 정원수와 고택의 기와가 언제나 멋으로 압도하고 있다. 전체를 아우르며 자리 잡고 있는 터이다. 향교 자리로 좋아 보였다. 앞에는 하천이 흐르며 감싸고 뒤에는 낮은 산들이 둘러 포근함과 근엄함을 품고 있어 향교 터로 알맞다.

내외 뜰에 우뚝 선 고목이 반긴다. 아직 황금 단풍을 바람에 날리며 고고하게 서 있다. 만추에 걸맞게 바닥에 황금빛 융단을 깔았다. 은행잎을 조심스럽게 밟았다. 어머니 품에 안긴 듯이 보드랍고 포근하였다. 향교 용머리와 처마 끝 곡선이 남빛 하늘을 이고 있다. 중천에 걸려있는 태양은 눈이 부시게 빛나고 있었다. 구름 한 점 없는 하늘에 빨려들어갈 것 같다.

은행잎 사이에 보호색같이 눈에 쉽게 띄지 않는 작고 쪼그라진 열매를 지르밟았다. 특유의 암모니아 비슷한 냄새가 달갑지 않아 신발 밑창을 들쳐 살펴봤다. 그 냄새가 행여 묻어있을까 마음이 쓰였다. 예전에 껌 씹은 것을 밟고서 떼어내지 않았을 때 신경이 몹시 쓰인 적이 있었다. 손톱만큼 붙어있는데 느낌이 시원하지 않았다. '아차, 이 냄새가 나에게는 행운인데!' 길바닥에 널브러져 으깨어진 은행을 밟아도 비염 때문에 냄새를 맡지 못했다. 지금 내 코가 냄새를 맡을 수 있어서 다행이다. 은행 열매도 자기를 보호하려고 냄새를 피우는 것 같다.

지난날 은행잎의 추억이 가슴속을 노랗게 물들게 한다. 사춘기 시절 여학생의 시집 책갈피에 끼워져 있는 것을 보고 그의 청순함이 오래도록 여운이 되어 머물렀다.

안채 뜰을 거닐며 좌우 은행나무를 바라보고 있었다. 두 나무는 부부 나무 같다. 나무에는 잎과 은행 열매가 노랗게 가지마다 달려있다. 은행들을 아직도 떠나보내지 않고 붙들고 있는 모성이 대단하다.

향교의 은행나무는 천 년의 반환점을 훌쩍 돌아왔다. 긴 세월 동안 세월만큼이나 커진 나무가 상처를 치료 받고 있다. 병든 가지를 자르고 거목 줄기 속에 치료제를 응고시켜 단단하게 보호하고 있는 것을 보니 천 년 이상의 관상목이 될 것 같다.

은행의 고마움을 생각하면 참나무를 닮은 것 같다. 약밥에 은행을 넣으면 한결 감칠맛이 있다. 천식, 혈액순환, 탈모 방지, 기억력 회복 등에도 도움을 준다고 한다. 도시공해와 병해충에도 강한 나무로 탄소흡수율이 높아 가로수로 적절한 수종이다.

왜 은행銀杏이라고 했을까? 은행을 한자어로 행자목이라고 한다. '행' 자는 살구 행 자다. 은행 열매를 보면 노란색의 말랑한 외피 안에 딱딱한 씨앗 빛깔이 은색 비슷하다. 은행나무를 두고 살아있는 화석이라고 한다. 한 걸음 더 들어가 보면 은행나무 계보는 은행나무 문, 은행나무 강, 은행나무 목, 은행나무 속이라고 한다. 학자들 사이에서는 은행잎을 두고 활엽수, 침엽수, 중성 잎이라고 각각 주장하고 있다고 한다. 은행잎을 두고 시험출제는 하지 않을 것 같다. 학창시절 은행잎은 바늘잎나무인가 넓은잎나무인가 사지 선다형 문제에서 정답은 바늘잎나무였다. 감각적으로 넓은잎나무로 생각하기 쉽다. 산림에 대한 각별한 전문지식을 겸비한 지인이 지금도 출제를 하여 침엽수를 정답으로 처리하고 있다고 한다.

어느 섬에 처녀은행나무가 있는데 지금까지 총각을 기다리고 있다고 한다. 섬과 뭍과 거리가 있어 수정가루가 날아들지 못하여 처녀귀신이 될 수밖에 없다는 것이다. 은행나무는 자웅이주雌雄移住로 묘목 자웅 식별을 하여 수컷만 가려내어 가로수로 심는다고 한다. 길에 은행열매가 떨어지지 않게 하려고 수컷 나무를 심어도 식별 분류 실수로 암컷 나무가 끼어들어 오게 되는 경우가 있어 열매가 길에 떨어진다고 한다. 어린 묘목 때는 판별이 어렵고 수 나무도 사십 년 이상이 되면 성전환性轉換이 되어 열매를 맺는 수가 있다고 한다. 결국 암나무가 많아진다는 것이다.

이리저리 봐도 은행나무는 쓰임이 다양하고 사연도 많아 재미있는 나무다. 온통 황금 뜰이 되고 있는 향교 경내를 두고 가볍게 발걸음을 옮겼다. 뾰족이 돋아나는 초록잎눈 나올 봄을 기다리면서.

민들레

민들레 작은 씨 하나가 생명의 소중함을 알게 하고, 우리에게 아름다움을 줍니다. 그래서 어릴 때부터 함께해 온 들꽃이라서 동심의 꽃으로 자리하고 있습니다. 초등학교 졸업식장 장식으로 노랑 민들레꽃과 나비를 본 기억이 납니다. 이렇게 봄을 상기시키는 의미로 주목을 받는 민들레가 되었습니다.

세월이 흐른 뒤 손녀, 손자 돌볼 때입니다. 이제 두 살 정도인 아이를 데리고 아파트 울안에서 시간을 보내는데, 정원의 잔디가 보기에 연초록 융단을 깔아놓은 것처럼 부드럽고 포근하게 느껴집니다. 그곳에서 아가하고 뒹굴고 싶었습니다. 잔디밭 곳곳에 민들레 파란 잎이 노랑꽃을 감싸고 있었습니다. 초록과 노랑이 어우러진 모양이 더욱 돋보였습니다.

앞다투어 핀 민들레 꽃잎들이 피고 진 자리에 씨들이 비행하기 좋은 날개를 달고 하나의 구를 이루고 있습니다. 긴 꽃대 위에는 민들레 하얀 꽃씨들이 꽃처럼 보입니다. 이 민들레 갓털을 손에 들고 후후 하고 불었습니다. 씨들이 퍼져서 날아가는 것을 아이들이 신기하게 바라봅니다. 아이는 좋아하면서 따라합니다.

봄이 되면 흙과 볕이 드는 곳에는 자생하는 민들레를 볼 수 있습니다. 민들레가 약이 되는데 흰 꽃만이 효험이 있다고 합니다. 노랑꽃 민들레는 우리 주변에서 많이 볼 수 있고 흰 꽃은 눈에 잘 띄지 않습니다. 인터넷에는 민들레가 만병통치약처럼 말하지만 그래도 약간의 독성이 있는 식물이기에 주의해야 합니다.

민들레의 강한 생명력과 종족번식에 대한 것을 살펴보면 흥미롭습니다. 꽃을 통하여 벌과 나비를 불러오게 한 뒤 많은 씨들이 되면 바람에 의하여 가볍게 멀리 날아갈 수 있습니다. 이른 봄이 되면 학처럼 고고한 백목련 빛깔이 아름답습니다. 하지만 낙화할 때는 아주 다른 느낌을 줍니다. 이렇게 꽃의 개화와 낙화 때 판이하게 다른 꽃도 있지만 민들레는 깔끔하게 자리를 정돈할 줄 아는 들풀입니다.

슬그머니 증조모님 하얀 머리가 생각나 마음이 울컥해집니다. 너무 가난하여 잡수시는 것도 부족했습니다. 증손자를 위해 당신은 허기도 참으셨는데, 철모른 손자는 넙죽 받아먹고 더 먹으려고 했던 일들이 생각나 눈물이 납니다. 부친을 네 살 때부터 보살피신 증조모였습니다. 큰며느리를 전염병으로 잃고, 장성한 장손마저 전쟁으로 잃었습니다. 그로 인하여 증손자마저 부모 잃은 고아 신세가 되었으니 그 심정이 어떠했겠습니까. 증손자가 불쌍하여 음식물만 챙기던 할머니, 민들레꽃을 볼 때마다 흰머리 날리던 할머니 모습이 생각납니다.

링링

옥이 딸그락딸그락 부딪치는 소리가 난다. 태풍 링링이 굴러가는 소리다. 팔팔하게 굴러가는 링이 떠오른다.

"왜 이렇게 조용하지? 사고인가?"

수많은 관중과 선수들이 숨을 죽이고 한 소년이 조명 하나만 받고 있는 것을 바라보고 있었다. 침묵의 시간이 흘러간다. 폭풍 전야의 고요함 같았다. 소년의 손은 굴렁쇠를 굴리고 있는 것이다.

바람이 먹구름을 이고 있어 초목들은 잔뜩 긴장하고 있다. 기온이 가라앉듯이 잠잠해진 분위기가 후덥지근하게 한다. 더위에 지친 듯이 매미의 울음이 처량하게 들린다. 아직도 짝을 이루지 못하여 울부짖고 있음이 애가를 부르다 땅에 떨어지는 날을 재촉이라도 하는 것 같다. 열기도 조석으로 숨고르기를 하는데, 지구도 더위에 짜증이 나는지 백로를 앞두고 때아닌 가을장마가 계속되고 있다. 그것도 성에 차지 않는지 태풍 링링을 동원하여 황해를 향해 북상하고 있다.

아내가 걱정이 되어 막내며느리에게 전화를 한다. 막내며느리는 지금 시골에 내려와 통화를 한다고 한다. 사돈 내외가 동남아 관광 중인데 태풍 소식에 비닐하우스 걱정이 심할 거라고 하는 것 같다.

며느리는 회사일 마치고 쉴 새도 없이 바쁜 걸음으로 나선 것이라고 했다. 막내며느리는 초등 삼학년 아들과 덩그러니 빈집에 묵으면서 농장을 살폈다고 한다. 비닐하우스 철골이 그나마 다행히 지탱하고, 비닐로 씌워놓은 것만 날아가거나 찢겨지고 갈라졌다고 한다. 벼가 많이 쓰러져서 어쩌나 하는 며느리의 속상함이 짐작이 간다. 친정부모의 피땀으로 잘 자란 벼를 힘들게 일으켜 세울 일이 걱정이 되기 때문이다.

검게 타버린 친정부모의 손발이 성한 곳이 없이 옹이가 한두 곳도 아니다. 손가락 발가락 굳은살이 더 거칠어지고 있다. 친정부모님의 고달픔을 안타까워하는 며느리가 안쓰럽다. 우리 부부는 가까운 곳이 아니라서 돕지 못하여 아쉽다.

아내는 건강이 안 좋아 힘들어하면서도 가족들 걱정을 많이 한다. 며느리가 부모들을 위해 최선을 다하는 것을 보면서, 아내는 무엇을 해주고 싶은데 힘이 부치니 맛난 음식을 보내주고 있다. 아내는 링링 소식에 하늘을 바라보면서 흙을 사랑하는 분들이 해외여행도 마음 놓고 못할 거라고 한다.

며느리는 철철이 사돈 내외가 농사지은 갖가지 채소를 가져온다. 아내는 사돈에 대한 고마움으로 무엇인가 해드려야 한다는 생각을 늘 가지고 있다. 사돈이 부담이 없을 정도의 필요한 것을 준비하기는 하지만, 인사치레 정도이다.

겨울에는 김장배추와 무, 딸기와 상추, 봄에는 수박, 여름이면 멜론, 감자, 가을에는 쌀, 감자, 고구마, 고추, 참깨, 들깨, 검정콩, 들깻잎, 고구마순, 대봉, 단감, 밤, 채소, 고추, 쌀, 등 심지어 닭, 그리고 미꾸라지를 손수 잡아서 보내오고 있다. 상품으로 가치가 다소 떨어진 것을 여유 있게 보내온다. 식품으로 손색이 없다. 이것을 이웃하고 나누어 먹고 있다. 이웃들은 또 무엇인가를 가져온다. 이렇게 될 때 난감하다. 넉넉하여 나눈 것인데….

사돈은 기를 쓰고 공무원이 되려는 젊은이들이 이해가 안 된다고 한다. 농사일이 힘은 들어도 일을 하니 소화도 잘되고 심신이 건강해진다고 한다. 연봉도 고액이 되는데, 생산되는 농산물을 간식으로 먹을 때 보약이 되어서 누구보다 튼튼하다고 한다. 사돈은 건전한 철학을 지니고 있다. 그게 농민의 마음이다.

태풍도 농민의 착한 심성을 알고 조심스럽게 큰 피해를 주지 않고 바람과 함께 잽싸게 스쳐갔다. 그 바람에 수목들의 삭정이와 잎에 얹히어 있는 낙엽들을 깔끔하게 털어내고 갔다. 가벼워져서 눈이 와도 가지가 부러지지 않겠다. 둥글둥글 알알이 여물어가는 풍성한 가을이 되길 바란다.

모기와 같이 살기

"왱" 소리가 난다. 나는 날쌔게 손바닥으로 후려쳤다. 모기는 변기 물위에 비상 착륙하여 죽은 듯이 미동도 하지 않고 있다. '요거 봐라. 충격에 기절했다면, 다시 깨어나겠지!'

하루살이, 모기, 초파리, 각다귀도 아닌 작은 날벌레는 음식물 쓰레기의 수박껍질에서 생겼다. 작은 것이 모기 날갯짓으로 나를 속인다. 나는 욕실 변기 물 내리기 버튼 한 번으로 매정하게 모기를 수장시켰다. 벌레의 생사를 확인하지도 않고 긴 터널의 미로 하수구로 보냈다. 오로지 모기라는 이유로 하나의 미물의 생명체를 보내고 보니…. 한순간에 살생의 갈림길에서 고민도 하지 않고 해를 끼친다고 제거한 것이다. 모기에 대한 피해망상이 본능적으로 나타나기 때문이다.

올해도 폭염이 심하다. 더위를 피하고자 욕실을 찾아 찬물을 뿌려보지만 그때만 시원하지, 어찌할 방법이 없다. 선풍기 바람도 오래 쐬다 보면 머리가 띵 하면서 아프고 어지럽다. 속도 불편하다. 에어컨은 오랫동안 사용을 하지 않아서 아예 가동되지 않을 것으로 치부했다. 몸의 열기를 덜어내기 위해서 욕실에서 반신욕으로 만족해야만 했다. 욕조 안의 암컷 모기는 오로지 사력을 다하여 피를 빨려고 한다.

윙 하면 큰 벌레 소리이고, 왱 하면 작은 벌레 소리인데, 욕조에서 들리는 벌레 소리는 윙윙 소리로 크게 들렸다. 그 작은 벌레 소리는 푸른 하늘의 여객기 엔진 소리처럼 귓바퀴 속으로 밀고 들어온다. 그 소리를 내기 위해서 날개를 힘차게 비비고 흔들어야 한다. 환풍기 돌아가는 소리는 귓등을 스치고 있다. 좁은 공간에서 살아보려고 힘들게 움직이는 것을 보면서 더위도 참지 못하고 끙끙대며 힘들어하는 나의 모습이 겸연쩍다.

모기는 욕실 천장에 날개를 접고 앉아서 촉을 세우고 일거수일투족을, 이리저리 내 눈치를 보고 있다. 여차하면 몸을 피하기 위한 것인지, 혈액을 탐하기 위한 것인지 호시탐탐 벼르고 있다. 모기를 살피고 있는 나는 입가에 미소를 머금고 침까지 꿀꺽 가볍게 삼키면서 '너는 참! 재주도 많이 타고났다.' 중력도 따돌리고 천장에 기고, 공중에서 비행까지 하고, 안테나를 이용하여 소리와 물체를 탐색 능력까지 갖춘 것에 새삼스럽게 신기하다는 생각이 들었다.

매주 한 번 꼭 가는 등산로에서 반갑게 맞이해주는 모기의 환영 인사가 있다. 어느새 무씨 크기의 새까만 모기들이 피를 빨고 날아간다. 참지 못하고 가려운 곳을 가볍게 문질러보지만, 더욱 따끔거리면서 가려움증이 심해진다. 어쩔 수 없이 야무지게 긁었다. 살결이 연지 빛깔로 부풀었다. 여름철이면 모기를 쫓으며 산을 오를 때 땀으로 윗옷 일부가 물 범벅이 되어서 모기가 탐내는 냄새가 난다. 십자가 길을 쉬엄쉬엄 가다 보니 모기들이 이때가 한철이라고 덤비는데 할 수 없다. 산을 오를 때 더위와 모기에 시달리면서 산마루에 오면 시원한 바람이 위로를 해준다.

암모기는 번식 욕심이 많은 것 같다. 역시 그것도 하늘이 준 본능이다. 등산할 때 보면 모기들이 죽기 살기로 대든다. 모기들의 후각은 더욱 예민한 것 같다. 향수 냄새에 민감하게 반응하여 계속 따라오면서 괴롭힌다. 산길을 오르는데 오른쪽 손등에 흑색 배추씨 크기의 모기가 살포시 앉아서 손등에 마취를 시켜놓고 목숨을 걸고 피를 빨고 있다. 몸도 숨쉬기도 멈추고 모기가 날아가지 않도록 조심하였다. 한순간에 왼쪽 손바닥으로 재빠르게 후려쳐 잡고 보니 손바닥에 붉은 핏빛이 보였다. 모기의 흔적은 보이지 않는다. 그 짧은 순간에 몸에 피를 지닐 정도로 순발력과 흡입력이 대단하다.

타월을 휘두르면서 모기를 쫓고 행보를 하는 나의 심통도 보통이 아니다. 한때는 모기가 하도 극성을 부리기에 모기약을 지니고 산에서 뿌리면서 다녔다. 그것도 늦가을에 심하게 기승을 부린다. 모기와 전쟁을 하면서 땀을 흘린 계절도 갔다.

작은 날벌레를 두고 결국 나의 이기적인 내심이 그대로 드러나고 있다. 날벌레는 주어진 환경에 순응하면서 생사에 대한 것보다 자연본능에 따라 활동한다. 내가 만일 달려드는 모기에게 대항하지 않았다면 피부 여기저기에 작은 상처가 생겼을 것이다.

모기는 보기에 하찮은 미물에 불과하지만, 먹이사슬에 의해 먹고 먹힌다. 그 생명체를 바라보면서 그들 나름의 종족번식을 위해서 사투를 벌이는 것에 애잔한 마음까지 생긴다. 공해로 많은 생물들이 사라지고 있다. 이상기온에 의해, 생태계의 변화에 아직 존재하고 있는 생물들도 사라질 위험이 한

둘이 아니다. 모기가 있다는 것은 사람들이 살아갈 수 있는 환경이라고 본다. 그러고 보면 모기와 함께 사는 것이 다행한 일이다.

생명의 소리

“사그락사그락” 미명未明의 시각에 창가 베란다에서 들렸다. 창밖 어둠 속을 헤쳐 나온 울림은 분명 비닐봉지 구기는 소리이다. 괴괴怪怪한 무풍지대無風地帶 열대야에 궁금증을 일으키고 있다. 귀신이 곡할 일이 생기고 있다. 여명黎明이 되려면 아직도 한참을 더 자야 할 밤중이다.

그 소리는 “바스락바스락” 지난겨울 새벽 나들이하고 돌아올 때 소리와 비슷하다. 그 소리가 묘하게 생생하게 떠오른다. 중국 단풍나무가 아파트 건물 사이에 외롭게 홀로 나목이 되어 있었다. 그 나무 우듬지에 걸린 검은 비닐봉지가 펄럭거리는 것을 한참 바라보고 있는데, 맞바람이 세차게 밀어붙이고 있었다. 그 바람이 내 가슴을 힘차게 껴안고 지나는 바람에 우듬지에 걸린 비닐봉지도 어디론가 날아 가버렸다. 그것을 치우고 싶었는데, 너무 높아서 어떻게 할 수가 없었다. 내 마음 알아주는 바람이 참 고마웠다.

아내가 비닐봉지를 잘 챙겨두고 필요할 때 꺼내 쓴다. 그때마다 비닐의 질에 따라 소리도 다르다. 얇고 부드러운 것은 무음이다. 보통 비닐봉지는 소리가 난다.

나는 소리가 나는 곳을 찾아보려고 열린 창문을 향했다. 목을 남생이처럼 길게 빼고 좌우를 살폈다. 아무리 살펴봐도 소리가 생길 일이 없는데, 소리가 나서 침이 마를 정도로 긴장이 되었다. 뒤울이(북풍)도, 된바람(북풍)도 없었다.

형체가 없는 중에 나는 기척에 섬뜩해지면서 쭈뼛했다. 방에 들어와 좌정하고 책을 보는데, 얼어 있는 비닐봉지 들추는 소리가 또 들려왔다. 간담이 서늘해진다. 베란다로 나가서 두리번거리며 살펴봐도 이상이 없다. 그곳을 나오려는데, '찰랑' 잠잠하다가 '찰랑' 하는 소리가 간헐적으로 난다. 미꾸라지 물장구치는 소리가 분명했다. 그리 보면 귀신 곡하는 소리는 미꾸라지의 물장구 소리였다.

그것들은 아직도 힘이 남아 있는지 하나같이 몸을 비비면서 나대고 있다. 새끼 붕어 두 마리는 옆으로 누워 입을 다물고 천국의 잠을 자고 있다. 시골에서 얻어온 미꾸라지가 물에 잠기지 못하고 등줄기마저 드러내면서 하소연 중이었다.

어제 늦은 저녁에 택배 하나가 배달되었다. 아내가 밑도 끝도 없이 어제 온 스티로폼 상자를 승용차 트렁크에 싣게 했다. 아내가 시원한 새벽 드라이브를 종용하기에 마지못해 핸들을 잡았다. 그 택배는 도시만 배달되고, 시골에 배달하지 않으니 그것을 다시 시골에 전해줘야 한다고 한다. 냉동실에 보관해야 한다면서 후딱 시골 좀 다녀오자고 한다. 아내의 등쌀에 떠밀려 생각지 않은 새벽 드라이브를 하게 되었다. 시골에는 더위를 피하여 새벽에 비닐하우스에서 일할 것으로 예상하고 스티로폼 상자를 빈집 방문 앞에 놓고 나오려는데 트럭 한 대가 왔다. 사돈 내외였다. 사돈 대하기가 민망했지만, 서로 반가운 표정으로 마주하였다.

안사돈이 금방 잡아온 미꾸라지와 수박을 승용차 트렁크에 실어주기에 곧장 집으로 달려왔다. 그 미꾸라지를 뒤 베란다 바닥에 두고 깜박 잊고 있었다. 미꾸라지들은 자기들이 살던 곳을 가고 싶어서 안간힘을 다하여 몸부림치며 고통스런 밤을 뜬눈으로 보냈을 것이다.

나는 아내에게 “미꾸라지 살아 있을 때 추어탕 만드는 것 아니야!" 하며 비닐봉지에 담긴 물이 부족한 것을 보고 물을 부으려고 하는데 아내가 말린다. 아내는 미꾸라지는 쉽게 죽지 않는다면서 비닐봉지 입구를 활짝 열어 공기가 통하게 하라고 한다. 시래기 준비가 되면 바로 추어탕을 끓여낸다고 하면서 부스럭부스럭 비닐봉지 안에 있는 오이를 꺼내고 있다.

나는 자디잘다는 미꾸라지를 물끄러미 바라보면서 고작 이것을 가지고 추어탕을 끓인다는 말에 미심쩍어진다. 그냥 가까운 개천이나 도랑에 놓아 주고 싶은 마음이 굴뚝같다. 사람들 손에 잡혀 오지 않았으면 적어도 몇 해를 살아가면서 종족번식을 위해 부화할 알도 낳을 터인데, 어쩌다 이곳까지 와서 죽음을 기다려야만 하는지 안타깝다.

창문에 빗방울이 부딪힌다. 그때마다 빗물이 주르륵주르륵 유리벽을 타고 미끄러지고 있다. 애처롭게 흐르는 빗물을 바라보자니 비닐봉지 속의 미꾸라지들이 눈물을 흘리면서 살려달라고 하는 것 같다.

"미꾸라지 한 마리가 온 웅덩이를 흐려 놓는다." "미꾸라지 용龍 됐다."라는 말이 있다. 미꾸라지를 두고 행동이 남다르게 빠르거나, 약삭빠른 사람을 비유적으로 말을 한다. 나도 한 마리의 미꾸라지 같은 삶을 살아오지 않았는지 뒤돌아보게 된다.

이미 추어탕이 되어 위胃에 머물다가 길고 긴 터널을 흘러가고 있는데 왜 이리 아쉬움이 생기는지 알 수 없다. 한 공간에서 잠깐 머물다 헤어지는 것이 생명체들의 운명이다. 아등바등하다 간 미꾸라지의 모습을 보고 자연환경의 먹이 사슬 순리를 피할 수 없다는 것이 서글퍼진다. 미꾸라지에 대해 애잔함과 잠깐이지만 그들의 영혼이 내 안에 머물고 있다는 생각이 든다. 시방 그들의 몸부림이 생명의 소리같이 울린다.

에어컨

계속되는 폭염으로 온 세상이 힘들어 한다. 앞 베란다 거실 창문과 옆방들의 창문을 모두 닫고, 뒤쪽 문들만 열어놓고 선풍기를 회전시키고 더위를 참으며 생활하고 있었다. TV를 켜 놓고 시간을 보내는 아내는 더위를 견디기 어려운지 쇼핑 광고에 나오는 큰 벽걸이 에어컨 주문을 결국 하고 기다리는 중이었다. 에어컨은 한 주가 지나서도 연락이 없어서 주문처에 취소를 하였다. 더위로 인하여 주문자들이 쇄도하고, 배달과 시설인력이 부족하여 신속하게 하지 못하고 있는 것 같다.

"작년 같으면 세일 가격도 저렴하고 기존 에어컨도 가져가고 새 에어컨을 완벽하게 설치해 준다고 했는데, 그런 알림말도 없고 가격마저 만만치 않으니 그런대로 견디다가 내년에 준비해야지, 다른 도리 없지!"

아내는 푸념하듯 말하고 한숨만 쉰다. 아내는 나 들으라고 또 한마디를 한다. 친구는 마을 가까운 도서관에서 책 한 권 빌려서 보는데 눈이 따가워서 독서하기도 힘들어 그냥 시간을 보내다 저녁때가 되면 집에 늦게 들어간다고 한다. 어떤 노부부들은 백화점이나 영화관에서 하루를 보낸다고 한다. 그리고 그곳에서 식사를 해결한다고 하니, 우리도 극장에 가서 피서를 하며 시간을 보내자고 한다.

나는 집에 있는 에어컨을 시험 삼아 가동해 보자고 했다. 아내는 나의 말에 동의하였다. 에어컨을 처음 집에 들여올 때는 멀쑥한 차림새로 부富의 상징처럼 거실 분위기를 띄웠다. 한 공간을 시원하게 하며 안락하게 하는 역할을 톡톡히 했는데 세월 따라 낡다 보니 어느 누구 하나 알아주는 이 없이 거추장스럽고 쓸모없는 애물단지로 버림받고 있었다.

나는 구형에어컨을 멀대 에어컨이라고 했다. 중고품 상회에 보낼 날도 머지않다는 것을 아는지 모르는지 멍하니 멀대같이 서 있다. 쓸모없는 에어컨을 보면서, 세월의 무상함과 함께 나도 멍하니 천장을 바라고 있었다. 나도 머지않아 이리되어 노인병원 아니면, 요양원에 있다 한 줌의 흙이 된다는 것을 생각하면 허무하다.

가동이 될까 의심하면서 은근히 에어컨이 제구실을 하기를 바랐다. 그동안 새로운 것에 마음을 두고 있었기 때문에 가동이 되는지 여부는 관심 밖이었다. 한편으로는 새 에어컨을 사고 싶은 충동이 일어 구형 에어컨이 가동되지 않기를 은근히 바라고 있었다. 매년 한두 번 정도는 살펴봐야 했는데 후회막급이다.

에어컨 커버를 급히 벗기려고 했지만 잘 벗겨지지 않아 주변을 정리하고 나서 겨우 벗겼다. 예전에 고급 천으로 커튼을 만들면서 커버도 만들어 씌워놨다. 아내는 커버를 세탁기에 넣으라고 했다. 나는 에어컨이 작동이 되지 않으면 함께 버리자고 하였다. 커버는 먼지가 잔뜩 달라붙고 쌓여 있다. 그도 그럴 것이 세월이 강산이 한 번 변하고 반 이상 지났으니 커버도 누런 빛깔을 띠고 있었다.

긴장하며 리모컨을 들고 전원을 눌렀다. 좁쌀 크기의 구멍에서 붉은 불빛이 순간 켜지다가 사라졌다. 새우 눈 같은 것이 볼록볼록 튀어나와 있다. 돋보기를 쓰고 그것들의 기능을 살펴 눌러도 아무 반응이 없었다. 건전지가 자동 소모되어서 그러나? 리모컨의 건전지 넣은 곳을 열려고 해도 열리지 않아서 그만두었다. 수동으로 조작하였는데도 반응이 없기에 살펴보니 전선이 연결되어 있지 않았다. 플러그를 꽂고 전원 버튼을 누르자 에어컨이 작동되었다. 기쁘고 반가웠다. 오랫동안 사용하지 않았던 리모컨까지 작동되니 신기했다.

아내는 오늘도 에어컨을 거의 반나절 동안 28℃ 고정해 놓고 켜고 있다. 거실을 중심으로 에어컨을 작동하고 보니 정말 살맛난다는 소리가 절로 나올 정도다. 에어컨을 16년 동안 구석진 곳에 세워놓고 있었다. 우리 집 에어컨은 집안의 장식용에 불과하다. 전기요금이 부담되기도 했지만 집이 겨울에는 따뜻하고 여름에는 시원해서 평년 기온이면 구태여 에어컨까지 동원되지 않아도 되었다. 선풍기 정도면 느긋하게 삼복더위 정도는 가볍게 넘길 수 있어, 긴 세월 속에 언제나 그 자리에 있는 에어컨은 본체만체하며 지냈다. 올 무더위에 오래된 에어컨 덕을 톡톡히 본다.

세상에 존재하는 것은 모두 쓸모가 있다. 감사하는 마음 언제나 잃지 않고 살아야겠다.

쑥 향

창밖의 하늘은 쑥 빛으로 청명을 과시하고 있다. 여승이 신호등이 있는 건널목을 건너가려고 서 있다. 스님은 하늘빛을 닮은 쑥색 옷을 입고 무엇을 생각하고 있을까? 나는 묵주를 손가락으로 옮기며 여승 생각을 하고 있다. 창살 사이 강렬한 태양빛을 가리개로 가려도 햇발이 천장 실내등보다 밝다. 그 바람에 환한 미소가 피어난다. 쑥덕쑥덕 도란도란 정담도 익어 간다.

내가 으뜸으로 여긴 맛이 있는 음식이 무엇일까? 쉽게 정답 없는 고민을 스스로 만들고 있다. 허기질 때 먹는 음식이 제일 맛이 있다고 할 수는 없다. 미식가적인 입장에서 하나를 선택하여 말하기도 그렇다. 때와 장소, 시간에 따라서 다르고 함께하는 사람에 따라서 음식 맛이 달라진다. 콕 집어 하나를 선택하라면 선뜻 떠오르지 않는다. 어떤 각별한 사연에 의한 맛이 될 수도 있다. 지난날 눈칫밥과 함께한 쑥떡과 무밥이 생각난다.

친구들과 뽕나무가 있는 다랑이밭을 찾았다. 논두렁인가 밭두렁인가 구분이 되지 않는 언덕에 줄지어 선 뽕나무의 오디가 검게 익어가고 있었다. 몇 년을 묵정밭으로 묵혀두었기에 쑥, 명아주, 개망초가 주인 행세를 하고 있었다. 밭주인은 가까이 있어도 나이 들어 일하기 힘들어 땅을 놀리고 있다고 했다. 쑥대밭에는 온갖 벌레들이 다 모여 있다. 나는 쓰쓰가무시병을 옮기는 털진드기 생각이 나서 몸을 사리고 있었다. 벌레들을 관찰하며 함께 놀아 보고 싶었다. 진드기로 힘들게 고생하다가 죽을지 모른다는 생각에 오디 따기도 그만두고 이곳을 얼른 나와야겠다는 마음이었다. 명아주, 쑥대, 개망초가 서로 누가 더 크나 경쟁이라도 하듯 명아주지팡이 길이보다 길게 자라고 있었다.

산비탈 계단식 전답을 바라보니 옛날 생각이 주마등처럼 지나간다. 농사를 지어도 한 해 식량이 부족하여 보릿고개 고통을 겪어야 했다. 가난한 살림에도 제사와 명절을 챙겨 조상

예는 깍듯이 하였다.

전쟁으로 끼니 갈망이 어려웠다. 식구들의 허기를 달래기 위해서 겨우 쌀겨와 지게미로 근근이 끼니를 넘기는 고달픈 삶이었다. 휴전선이 생기고 산골 다랑이 전답에서 겨우 얻은 곡식이 부족하여 춘궁기의 몸살을 앓아야 했다. 그 몸살을 넘기는 데 도움을 주는 쑥떡이 설부터 보름까지 새참 거리, 중식 거리도 아닌 겨울철 끼니로 자리했다.

봄철에 탐스러운 참쑥을 채취하는데 뿌리와 밑줄기를 남기고 손으로 뜯어서 싸리채반에 바싹 말린다. 건조된 쑥을 습기 차지 않게 시렁에 매달아 보관한다. 그것을 설 한 주 전부터 물에 담가 다시 삶아서 채반에 놓고 물기를 완전히 뺀다. 옹기 떡시루에 안치기 전에 멥쌀을 물에 불린 다음 조리로 쌀을 건져 소쿠리에 담는다.

쌀의 양에 따라 물레방아, 디딜방아, 나무절구로 멥쌀을 빻아 어레미체로 흔들어 쳐서 내린 것을 소나무 함박에 담아 놓는다. 노랑 메주콩을 볶아 빻아서 고운체로 몽글게 쳐서 가루를 모아 질그릇단지에 보관하는데, 곰팡이가 생기지 않게 잘 간수해야 한다. 콩가루는 쌀과 쑥의 양에 알맞게 준비하여 남김없이 소모한다.

멥쌀가루와 쑥을 버무려 시루에 넣고 장작불에 푹 찐다. 그 떡을 소나무떡판에 놓고 떡메로 치는데 손으로 이겨 안으로 겹쳐 넣으며 친다. 떡판에 콩가루를 잔뜩 깔고 난 후에 넓적한 떡을 펴놓고 콩고물로 골고루 버무린다. 쑥떡을 작게 썰어서 우선 먹을 수 있게 한다. 쑥떡을 칼로 잘라 뭉치 길이로 잘라진 쑥떡을 석작에 담아 시원한 골방에 놓아두면 굳어서 단단하게 된다. 굳어있는 쑥떡을 먹을 때 검정 무쇠 가마솥에 쪄내면 부드럽고 말랑말랑하게 된다.

겨울이면 무밥을 하여 밥의 양을 늘린다. 무밥은 동치미생채와 간장으로 비비면 맛이 그만이다. 거의 쌀밥 반, 무가 반이 된다. 무밥은 먹기가 바쁘게 배가 고파진다. 그럴 수밖에 없다. 적은 양의 밥에 무가 소화를 잘 시켜서 금방 배가 고프다. 외할아버지는 손자를 위해서 적은 밥에서 또 나에게 덜어주셨다. 그것을 본 외숙모는 눈치를 했다. 철없는 나는 그 밥을 먹었다. 지금 그때를 생각하면 가슴이 결리며 슬픔이 복받친다.

허기진 배를 달래기 위해서 분뇨를 뿌려놓은 시금치를 가져다가 부뚜막 돌 위에 익혀 먹었다. 채독으로 얼굴이 부어오르고 밤눈도 보이지 않고 걷기도 힘들었다. 다행히 진료소 약

먹고 살 수가 있었다.

쑥떡을 먹을 때는 그냥 조금 씹다가 넘기면 된다. 그렇게 먹고 나면 뱃속이 든든하다. 오래 씹으면 질긴 쑥 줄거리가 목구멍에 넘기기도 힘들어진다. 쌀겨로 쑥개떡을 만들어 먹을 때는 바지락, 꼬막을 먹을 때 간혹 모래가 씹힐 때처럼 지금거린다. 살면서 배고픈 서러움이 제일 크다고 한다.

구절양장이란 말이 있다. 한세상 살아가는 일이 양의 창자처럼 이리저리 꼬부라지고 험한 산길 같다고 한다. 살아온 세월이 굽이굽이 험한 길임이 틀리지 않다. 내 삶도 쑥을 닮았다.

쑥대밭도 봄이 오면 탐스러운 쑥을 키워낸다. 그 쑥은 식용, 약초, 향료로 환영받고 있다. 승용차와 방안에 쑥 향 주머니가 놓여 있는 것을 볼 수 있다. 구절초, 들국화 향기보다 쑥향이 은은하여 좋다. 노인 향기도 쑥 향기같이 향기로우면 좋을 텐데….

쪽방 등불

쪽방이 먹통이 되었다. 방문 옆 벽의 전기 스위치를 오른손 검지로 좌우 밀기를 연거푸 할 때마다 뚝딱 하는 소리가 난다. 뚝 하면 환해지고 딱 하면 먹통이 된다. 아내가 그것을 보면 손만 가면 망가진다고 한마디 싫은 소리를 할 터인데, 다행히 아내의 눈길을 피할 수 있었다. 천장 한가운데 덩그러니 달린 형광등이 드러나지 않고 어둠의 장막에 숨어 숨소리마저 죽이고 있다.

나는 숨이 가빠지면서 새가슴이 더욱 오그라지는 것 같다. 형광등이 수명이 다 될 무렵이면 풀죽은 듯이 희미한 빛으로 시간을 두고 껌벅거린다. 그 등은 창백한 얼굴이 되듯 빛을 잃고, 수명을 다한다.

형광등이 수명이 다되면 껌벅거려야 하는데, 반응이 없어 긴장된다. 혹시 피복 속의 전선 하나가 끊겨서 그러나 걱정이 되었다. 차라리 형광등이 수명이 다되길 바라고 있었다. 거실의 의자를 방 가운데 놓고 프랑스의 위인 나폴레옹만 한 키로 반투명 판유리 판을 왼쪽 손으로 받쳐들었다.

너트를 오른손으로 풀고 있는 중이었다. 갸우뚱하였다. 나는 몸의 균형을 바르게 잡고 조심스럽게 형광등을 꺼냈다. 내가 삐끗하여 자빠지면 골절상을 입을 수 있다는 생각에 어느새 이마에 식은땀이 났다. 내가 그동안 혹사를 시켰다고 저렇게 어둠을 불러와 나를 난처하게 하는 형광등을 보면서 미안한 마음보다 때가 되면 사라진다는 것들이 씁쓸했다.

새 형광등을 끼우고 불을 켜 봤다. 한쪽은 밝고 한쪽은 밝기가 덜하여 이상히 여겼는데, 열을 받으면서 균등하게 빛이 밝아지는 것을 볼 수 있었다. 언제나 등을 방바닥에 대고 천장을 바라보면 형광등 갓 유리판에 크기가 서로 다른 날벌레들이 까맣게 널브러져 있다. 저것을 언제 치우지 하면서 등을 갈 때 치워야지 하고 미루었다.

미라가 되듯 대 자로 누워 보란 듯이 나동그라져 있는 똥파리, 쇠파리, 초파리, 쌀 날벌레를 볼 수 있다. 그것들을 하수

구로 떠나보내고 판유리를 깨끗하게 청소하였다. 등갓을 고정하고 불을 켰을 때의 환한 빛이 쪽방 구석 속속들이 어루만지며 어둠을 치우고 빛과 그림자를 드리웠다. 나는 그제서야 마음이 놓이면서 한결 가벼운 기분으로 할 일을 했다.

나는 누워 천장의 등을 보면서 해를 거듭 보냈다. 등갓 안이 지저분한 것을 보고도 청소 한번 하지 않고 지냈다. 언제나 누우면 날벌레들이 까맣게 죽어 마른 것을 보면서 '어떻게 시망스럽게 저 좁은 공간 틈으로 들어가 저리되었지.' 저것들이 몸부림칠 때 그 고통을 상상하면, 아찔하다. 뜨거운 열기로 인한 갈증, 허기는 말할 것도 없다.

벌레들은 길 한번 잘못 들어 우선 두려움과 공포에 질려 나갈 좁은 구멍을 차분하게 찾지 못했을 것이다. 탈출의 실패가 죽음이 되었다. 벌레들은 죽어도 변두리를 찾아 자리하고 있는 것을 볼 수 있다. 형광등 열기에 볶아지기 싫어서 유리판 가장자리 근처에 오그라져 있다. 그것을 살며시 건드리기만 해도 바스라지면서 흩어질 것 같다. 날벌레는 주어진 시간에 빛을 찾아간 것이 다른 날벌레보다 먼저 고스란히 형체만 남겼다.

날벌레들의 자유로운 활동이 보기 좋았다. 그 벌레는 벽,

바닥, 천장을 기고, 뛰기도 하였다. 공중을 자유자재로 날기까지 하는 것을 보고 부러워했다. 중력의 힘도 이겨내는 것을 보면서 더욱 신비함을 느꼈다. 어느 벌레는 바닥에서는 뛰지만 천장에서는 뛰는 것을 볼 수 없었다. 자연계의 먹이사슬에 의해 강자에게 약한 벌레란 것이 한편 생명체들의 균형 유지를 하게 하는 것 같다. 그들은 오로지 세상에 나오면 종족 번식에 온몸의 에너지를 다 쏟아붓는 것같이 보인다. 때와 장소가 잘못될 때 번식을 못 하고 고사하는데 모든 생물이 겪어야 할 불행이다.

해가 기지개를 켜듯 산마루에서 얼굴을 내민다. 그 해는 뒤뜰 건너 백구 동 건물 윤기 흐른 페인트 벽과 창유리에 매달려 있다. 그 햇볕이 몸과 목을 길게 늘이고 반짝이는 눈총으로 앞 동 베란다 창문을 기웃거린다. 쪽방에 눈길이 끌리면서 빛 잃은 쪽방 간유리에 조명이 되고 있다. 늘 창을 통해 아침 일기 예보가 되어 날씨를 짐작하게 한다.

정오가 가까워지면 앞뒤 창문을 활짝 열어 실내 환기를 시킨다. 간혹 쪽방 문이 뱅긋이 열릴 때 갑자기 '쾅' 하고 바람이 문 닫는 소리에 몸을 움칠하였다.

쪽방 창이 낮에도 미세먼지, 물안개, 눈비 오는 날 먹빛이 된다. 그때마다 천장의 형광등을 켜야 한다. 올 이월은 유독 공기가 탁하며 무겁다. 코로나바이러스로 쪽방이 감옥이 되어 바깥출입을 줄이고 있다.

신비하게도 벽과 창을 통해 그늘진 곳에 빛을 나누어 주는 침묵하는 건물을 고마운 눈으로 바라볼 수 있었다. 쥐구멍에도 볕드는 날 있다는 말이 생각난다. 쪽방에 빛이 머물다 간다. 형광등 빛과 반사 햇빛의 고마움 잊을 수가 없다.

걸레

나는 언제나 손빨래를 한다. 정남향 베란다의 분홍색 플라스틱 앉을개에 앉았다. 아내가 푸줏간에서 물건을 사고 얻어 온 플라스틱 대야에는 빨래가 담겨 있다. 아내가 엉덩이를 바닥에 대고 끌면서 손으로 거실바닥을 닦고 있다.

닦는 일을 마무리하고 나서 손에 든 걸레를 내 쪽으로 던진다. 나는 군소리 없이 손세탁을 한다. 고무장갑을 먼저 끼고 세탁물에 비누칠을 한 후 얼룩이 심한 곳을 먼저 비벼서 깔끔하게 지운다. 그리고 주물러서 비누거품과 불순물을 씻어 낸 뒤 대야에 수돗물을 틀어놓고 헹구고 나면 걸레 차례가 된다.

언제나 걸레는 뒷전으로 밀린다. 사람들은 걸레는 더러운 것이라는 인식을 갖고 있다. 옛날에는 거의 무명옷감이기에 걸레로서 알맞은 천이 되었다. 지금은 타월이 그 자리를 차지하고 있다. 밥상 위의 도구와 바닥의 도구로 위상이 달라진다. 행주와 걸레를 삶을 때 함께하지 않는다.

걸레를 세탁할 때도 쪼가리 비누를 사용한다. 세척이 힘들 정도로 일하면서도 대우는 걸레로 전락한다. 언제나 맑은 물로 옷 먼저 헹구고 걸레 차례가 된다.

시골에서 지낼 때 아내의 화풀이 대상이 걸레였다. 빨래방망이로 마구 두들기면 걸레는 말 한마디 못하고 서러움을 이기지 못한 채 온몸으로 눈물을 흘린다. 물을 튕겨내며 하소연을 한다. 이래저래 걸레는 여인들의 스트레스 해소 역까지 하였다.

아내는 퇴행성 관절염으로 쪼그리고 앉아서 일하기가 어렵다. 엉덩이를 바닥에 대고 해야 하는데, 그게 쉬운 일이 아니다. 그동안 세탁기를 이용하여 왔다. 세탁기 관리를 잘 못하여 세탁하면 옷에 불순물이 묻어나 사용을 안 했다. 할 수 없이 손빨래를 해야만 했다. 불순물보다도 세탁기에서 나온 빨래들이 깨끗해 보이지 않았다. 그뿐이 아니다. 세제에 대해 피부가 민감하게 반응한다.

아내가 조석으로 엉덩이를 밀면서 청소를 하기 때문에 옷이 얼마 입지 않아서 구멍이 난다고 한다. 몸이 자유스럽지 않아서 그런지 나에게 가끔 화풀이한다. 그럴 때마다 화가 풀릴 때까지 침묵하고 걸레를 찾아서 세탁하고 시간을 보내면 평상으로 돌아온다.

마음을 추스르고 걸레로 방을 훔치면서 걸레의 처지를 곰곰이 되새기며 내 처지와 비교했다. 화려한 목화가 실과 천으로 변하여 산뜻하고 고운 타월이 되어 갖은 일을 했다. 세월 따라 어느 날 걸레의 처지가 되었다. 묵묵하게 노부부의 손안에서 훔치고 닦는 도우미로 동행하고 있다.

걸레의 기능으로 역할을 하려면 조금 낡아야 하고 습기가 약간 있어야 방을 문질러서 닦아 낼 때 산뜻하다. 집에 진공청소기가 있다. 소리만 요란하지 청소기 역할이 미미하다. 걸레로 하면 시원스럽게 먼지도 제거되고 윤기까지 난다.

아내 손안에 있는 걸레가 벗처럼 보인다. 매일 아내와 스킨십을 하니까 은근히 부러운 생각도 날 법하지만 관심 밖에 있기에 그냥 지나친다. 만일 상대가 생명체라면 질투를 했을 것이다. 질투는 자기 욕심과 소유욕에서 나온다. 사랑한다면 질투가 있을 수 없다.

걸레도 늙으면 올이 풀려 걸레가 아니라 쓰레기가 되어 버린다. 쓰레기 바구니에 담길 때 씁쓸해진다. 걸레는 그동안 묵묵히 일하면서 불평 한마디 하지 않고 함께했다. 나도 걸레처럼 최선을 다하여 남은 삶을 보람 있게 살려고 한다.

3. 가다 보면

가다 보면

고요한 새벽이면 나들이를 한다. 그것도 한 주에 두 번이다. 동지섣달이면 어둠의 새벽이고, 하지와 삼복에는 환한 새벽이다. 새벽이면 일요일과 월요일에 걷기 운동을 한다. 그때마다 나를 반겨주는 길과 텃밭이 있다. 층 높은 아파트가 생기면서부터 안전블록이 깔린 보행로가 생겼다. 길을 가다 보면 편하고 불편할 때가 있지만 길을 가면서 삶의 가치를 알고, 고마움을 배운다.

길을 오가다 보면 변하는 것과 변하지 않는 것들이 있다. 마음 변화에 따라 사물에 대한 오감의 느낌도 달라진다. 편의점 앞 보행로 앞에 탁자와 의자 등이 있어 지나가기에 마뜩잖다. 나뭇가지가 인도까지 내밀고 있다. 늘 그곳을 가는데, 비올 때는 우산 받고 허리를 굽혀 걸었다. 변방에 있는 사랑의 집을 찾아가기 위해서이다. 사랑의 집 주변 아파트와 초등학교 사이에 공터와 텃밭이 있다.

새 아파트가 들어서면서 초등학교 앞과 외각을 빠져나가는 도로가 넓어졌다. 아스팔트 둘레길은 검은 냇물 흐르듯이 밖과 안쪽이 선명하게 구분된다. 그 경계선 안쪽의 자투리땅이 섬같이 보인다. 옛길 진입로는 오고 가는 차가 비껴가는데 곡예 운전을 하듯이 조심스럽게 지나가야 한다. 인도 폭이 좁아 따로 들어설 자리가 없다. 인도 알림을 파란색 라인으로 표시했다.

아파트 울안에 보행로가 있다. 그곳 화단에 가로수가 있어 오솔길 분위기가 난다. 늘 개방하고 있지만 다니기에 부자연스럽다. 농구대가 있는 바닥을 걸어야 하고, 3개의 철재 쪽문을 지나기가 번거로워 그곳으로 다니지 않는다.

파란 선을 보면서 다닐 때 언제나 왼쪽으로 간다. 공터 소나무, 언덕배기 풀숲, 텃밭을 볼 수 있다. 그때마다 여러 종류 채소들이 자라는 것을 보고 계절의 변화를 느낀다. 노온老媼의 낡은 유모차에 물병과 간식이 고개를 내밀고 있다. 노온의 얼굴빛이 밭고랑 닮아간다. 그는 너울 쓰듯 햇빛가리개를 하고 바쁘게 호미질을 한다. 밭의 채소들이 반기는 기쁨에 허리를 펴며 미소를 띠고 있다.

노야老爺의 전동차도 보인다. 그는 등을 구부리고 김을 매고 있다. 그 곁에 철재 막대 지주가 적당한 간격으로 꽂혀 있다. 그 위에는 붉은색 고무를 입힌 헌 면장갑 한 짝이 기름때와 흙이 묻은 채 걸려 있다. 까만 비닐봉지, 흰 목장갑, 고무장갑도 씌워 놓았다. 쇠막대에 길게 비닐 끈과 나일론 밧줄을 묶어놓은 것이 너덜너덜 울타리가 되었다.

밭주인이 지나다니는 사람들의 안전을 위하여 해 놓은 것이리라. 그의 마음이 고맙다. 울타리가 보기에 흉해도 그 안에 배려하는 마음이 있다. 텃밭은 잡풀이 없이 깔끔하다. 장마에 무성해진 풀이 채소를 괴롭게 할 텐데, 은근히 걱정이 된다. 텃밭의 토란잎에 빗물이 동그랗게 담겨 있다. 초록 열무 잎들이 억수같이 쏟아지는 빗물에 떨고 있다.

여름인데도 코로나19 바이러스로 거리 두기, 마스크 쓰기 생활로 걷기에 답답하다. 기상 이변으로 긴 장마까지 우울한 나날이다. 일요일 되어 새벽 걷기 운동을 하고 돌아가는 길이었다. 물 폭탄이 쏟아지는 날이다. 우산을 받고 있지만 쏟아지는 비에 바지가 비옷이 되었다.

두꺼비 한 마리가 엉금엉금 기고 있다. 두꺼비는 배가 땅에 닿을 정도다. 배불뚝이가 된 것을 보니 부화할 시기가 가까워진 것 같다. 저렇게 느리게 걷는 것을 보니 죽기가 두려워서 그런지, 아니면 몸이 무거워서 그런지 힘든 멍에를 걸머지고 있다. 두꺼비는 아파트 화단에서 기어나와 횡단하다 나를 빤히 바라보며 멈추고 있다. 그때 차가 온다. 두꺼비가 두 앞발을 모으고 힘껏 버티면서 뒷발을 모아 위쪽으로 솟구쳐 힘껏 뛰기를 반복하며 풀숲을 찾아간다. 두꺼비는 그곳에 살모사나 능구렁이가 있다는 것을 알고 가는 것 같다. 그들도 어쩔 수 없이 두꺼비를 두고 피할 수만은 없이 잡아먹고 죽어야 한다.

"길을 가다 보면 중도 보고 소도 본다."고 한다. 살다 보면 좋은 일도 있고, 근심 걱정 때문에 몸과 마음이 힘이 들 때도 있다. 아름다운 것을 보려고 노력하면 희망의 길이 보이며 그게 사랑의 길이란 것을 알게 된다. 그것을 보고 기적이라고 하는 사람도 있다. 궂은비를 맞고서도 흙냄새를 맡으며 마을 길을 평화롭게 걸었다.

그 한마디에

병실 창밖 석양이 붉게 물들고 있었다. 건물 안 넓은 복도에는 사람들이 저마다 분주하게 움직였다. 아내는 초조하게 의사를 바라보고 있었다. 의사는 그동안 검사받은 것들을 모니터링을 했다. 그 짧은 시간인데도 아내의 심장박동 소리가 쿵덕쿵덕 들리는 것 같았다.

"골수염으로 보이는데 아직 더 두고, 정밀검사를 통하여 확실한 원인을 알아 봐야 될 것 같습니다. 골수염 치료기간이 많이 걸립니다. 그리고 종종 재발하는 경우도 있습니다. 주의하여 재발하지 않도록 당부합니다. 뼛속 틈에 끼어 자리 잡고 있어서 균들을 박멸하려면 항생제 투약을 오래하게 됩니다."

말을 마친 의사는 입원하게 하고, 발목부위를 반 깁스를 하라고 한다. 아내와 나의 생각은 가벼운 근육부위 염증 정도이기를 바랐다. 하지만, 골수염이란 말에 불안을 떠안고 기다려야 했다.

간호사가 안내한 메모지를 보고 입원할 병실을 찾아가는데도 시간이 꽤 걸렸다. 경황이 없는 데다가 불안 때문인 것 같다. 낯선 병동에 입원을 하려고 하니, 걱정보다 앞선 초조감이 온몸을 감싸버린 것 같다. 오늘 따라 가로등 불빛마저 희미하게 보인다.

휠체어에 실린 아내의 애처로운 그늘진 얼굴이 가슴을 미어지게 한다. 부부란 이럴 때 함께하란 것인가 보다. 아내에게 어떠한 위로 말을 해야 할지 통 생각이 나지 않았다. 그래도 무슨 말인가 해야 하기에 일상적인 말을 할 수밖에 딴 도리가 없었다. 아내는 내 말을 귓전에 흘려들을 것 같다. 여러 가지 검사를 받고, 심신이 지쳐 있었다. 그에게 무슨 위로의 말이 들리겠는가?

"의료기기가 첨단화되고, 좋은 시설에 수술과 처방약도 매우 좋아져서 초기에 원인을 발견하면 완치되니까 걱정하지 마."

병동은 층 높은 곳에 있었다. 그곳은 간호사들이 미리 대기

하고 있었다. 다인 병실에 안내되었다. 아내는 망설이는 눈치다. 2인용 병실로 정하고 보니 입원실 비용이 만만치 않다. 비용에 크게 신경 쓸 일이 아니었다. 내가 간병인 되어 아내의 손발이 되기로 마음을 먹었다. 병실은 위생적이고 깔끔한 편이었다. 환자가 거동을 하기가 어려운데, 무엇보다 화장실과 간편하게 샤워할 수 있는 곳이 있다는 데 마음이 놓였다.

아내는 추석을 병원에서 보내야 할 형편이 되었다. 그동안 시부모님 제사와 차례에 정성을 다해 왔었다. 조상에게 대할 면목이 없다고 한다. 아이들이 잘 알아서 하니까 믿고 치료에 전념하라고 했다. 아내를 위하고 보살피는 일이라면 체면도 부끄러움도 의식하지 않기로 하였다.

아내에게 보다 강한 항생제를 투약하다 보니 간수치, 혈압, 신장수치가 높게 나왔다. 주치의사는 이렇게 되면 치료가 힘들 수 있다고 한다. 골수조직 검사를 하기 위해 수술을 한다고 한다. 정밀검사에 뼈에 금이 간 것은 뼈가 부러진 것과 같다고 한다. 이런 경우는 백혈병이나 골수암도 간혹 나타나는 수가 있다고 했다. 이 말을 들은 아내는 청천벽력 같은 말에 기겁을 할 정도가 되었다. 아내는 이성을 잃고 감정에 복받쳐서 지난날에 쌓인 한를 토하기 시작했다. 내가 관심을 갖고 아내의 건강을 챙기지 못한 원망을 하는 것이다. 폭포의 울림같이 퍼붓고 있었다. 얼마나 속이 상하고 마음이 아프면 저러지, 그런 아내가 애처로웠다.

간호사들은 사흘거리로 피검사를 하니, 혈관들도 힘들어서인지 모두 숨바꼭질을 하듯 숨는 것을 보면서 그 와중에도 신기한 생각이 들었다. 골수조직검사 결과를 기다리는 동안, 음식도 먹는 것인지 안 먹는 것인지 입맛을 돋우지 못했다. 혈압도 역시 높아지고 있었다. 아내는 마음을 추스르고 나서 "당신을 홀로 두고 먼저 가게 되면, 당신이 불쌍하여 어찌하지!" 멍하니 침묵으로 대답했다. 며느리에게 잘하라는 유언 같은 말을 할 때는 몹시 힘이 들었다.

기다리는 일은 길고 불안하고 초조했다. 일순간에 일반병동과 암 병동 갈림길 가는 날이다. 그렇게 친절한 의사가 저승사자같이 두렵게 느껴지는 순간이다. 동전의 양면 같은 운명의 시각이 왔다. 주치 의사가 부드러운 미소를 띤 채

"죽을병이 아니니 천만 다행입니다. 걱정 그만하시고, 골수염과 골절치료로 통 깁스를 해야겠습니다."

주치의는 다정다감하게 말을 하였다. 아내는 그 말을 듣고 나서부터 안도의 한숨을 쉬게 되었다. 그 후로 안정을 찾아

식사도 잘하고 간식을 잘 먹을 수가 있었다. 우리는 또 한 고비를 넘게 되었다.

냉콩국

화염을 토해 내는 하늘의 태양이 야속하기만 합니다. 더위를 피하기 위해서 아파트 건물 사이 나무 그늘 아래 자리하여 맞바람이라도 받아보려고 했습니다. 열기 가득한 무풍으로 숨쉬기도 답답할 정도입니다. 시원한 콩물 생각이 간절합니다. 아내는 이 더위에 신문이나 책을 읽거나 타자를 하고 있을 때 한 컵의 콩물을 마시게 합니다.

"이게 보약 진배없으니 한 방울이라도 남기지 마시고 쭉 다 마셔요."

사돈댁에서 보내온 신토불이 무공해 유기농법으로 재배된 콩으로 만든 것입니다. 아내는 신토불이, 유기농, 무공해, 웰빙, 로컬푸드 이런 말을 자주 합니다. 사돈댁에서 사시사철 채소와 과일 그리고 곡식까지 주기 때문에 그로 인하여 더욱 우리 농산물에 애정을 갖고 있다고 생각됩니다.

6세 때입니다. 6 · 25전쟁 후 구호품 중에 레이션 박스에 통조림이 들어 있었습니다. 그 통조림에 콩과 부드러운 소시지 비슷한 살코기가 들어 있었습니다. 그 맛은 고기 맛인데 한마디로 최고의 맛이라고 할 정도입니다. 굶기를 밥 먹듯 했다고 할 때인 만큼 무쇠 조각도 뱃속에 들어가면 녹일 정도로 활력이 왕성한 시기였습니다.

통조림 속에는 고기 모양의 덩어리가 겨우 서너 개 콩 속 깊숙이 파묻혀 있었는데 그것을 찾아 먹기 위하여 혈안이 되어 젓가락을 날쌔게 뒤적거리며 찾아먹었습니다. 그 맛을 알고 먹는 콩은 별 맛이 없었습니다. 배고픈 시절 그 와중에 철없이 입맛은 왜 그리 변덕스러웠는지! 통조림 속의 고기를 먼저 먹고 난 후 콩을 먹는데 퍽퍽하고 맛이 없었습니다. 그 시절에 주로 콩 음식을 먹다 보니 콩이 싫었습니다. 비지로 끼니를 때울 경우가 자주 있어 선입견마저 있기 마련입니다. 지금 생각하면 식품 중에 우리 몸에 꼭 필요한 식품인데….

메주콩은 발효식품의 어머니라고 해도 맞을 것 같습니다. 메주콩으로 고추장, 청국장, 간장, 된장 발효식품과 콩기름

등 다양한 식품으로 각광을 받고 있습니다. 발효식품으로 보관을 장기간 할 수 있게 하고, 영양과 모든 식품의 재료로 또는 각종 질병 예방에 크게 도움을 주고 있다고 합니다.

아내는 오늘도 노부부의 건강을 챙기기 위해 요란한 믹서로 콩을 갈아야 합니다. 노인들 모아 놓고 유인책으로 때 지난 상품으로 선물 공세를 하고, 입담으로 흥미를 돋우어 판매한 믹서기 소리가 소음이 되고 있습니다. 그 믹서기 소리는 고약한 욕쟁이 할멈 심술을 닮은 것 같습니다.

굉음에 심장고동이 멈출 듯합니다. 이웃을 배려하고 존경하기 위해서는 여러 모로 지혜롭게 처신을 해야 하는데…. 이웃에 죄송하고 부끄럽기만 합니다.

오늘도 시원한 콩물 한 잔을 마시며 생각합니다. 삼복더위가 지나건만, 계속되는 폭염에 '솔릭' 태풍까지 상륙한다고 하니 농민들의 근심 걱정이 클 텐데…. 오늘도 비닐하우스에서 땀 흘리며 일하시는 사돈 내외 계신 곳을 바라봅니다.

두만강 변

두만강 볼 수 있어 꿈만 같다. 강을 보며 깊은 시름에 빠져 있어야 하는데, 시름을 챙길 여지가 없었다. 북한과 중국 도문 국경지대의 또 다른 이국적인 분위기 때문인 것 같다. 가이드는 자본주의와 전체주의로 구분하여 이국땅에서 지켜야 할 질서에 대하여 간략하게 알려줬다. 로마에 가면 로마법을 따르란 말이 떠오른다. 사회주의에 대해 반론을 하거나 자본주의 우월성 등 이념논쟁을 하지 말라고 한다. 오로지 즐거운 관광으로 일관하여 먹고, 물건 사고, 보는 일에 만족하라고 한다.

초등학교 시절 우리나라 지도 최북단에 중국과 구소련이 북한과 국경을 이루고 있다는 정도로 알고 있었다. 이곳에서 상상했던 것들을 직접 보니 서로 다른 것이 있다. 내가 있는

남쪽과 북쪽의 기온 차가 클 줄 알았는데, 실제로 보니 청명한 날씨에 온도가 거의 비슷한 것을 보고 온난화 현상이 의하여 그런가? 의아했다.

또 다른 것은 강이 큰 시냇물 수준이란 것이다. 물론 우기도 아니고 상류라 그런 것인지는 알 수 없지만, 늘 물이 흐르는 흔적의 테가 협소하여 상상만 했던 두만강이 생각보다 작아 보였다.

일행들은 두만강을 보고 벅찬 감동에 빠져 있어야 하는데 그리하지 못하고 있었다. 강물은 무엇이 불만인지 우중충한 얼굴로 소리 없이 흘러가고 있었다. 굵은 대나무로 가지런히 엮어진 것을 물에 띄워놓았다. 대통이 매우 커 보여서 손으로 만져 보고서야 플라스틱 인조 목재임을 알게 되었다. 뗏목 후미에 모터가 달려 있고 그것을 조종하는 사람이 조선족인지 중국인인지 구분이 여의치 않았다. 가이드가 절대 강물에 손대지 말라고 한다. 이곳은 길림성 도문 자치구라고 한다.

눈물 젖은 두만강 뱃놀이를 시작했다. 그 뗏목 고정의자에 몸을 맡기고 뱃놀이에 들어갔다. 일행들은 강물을 닮은 얼굴들이었다. 은은한 노래도 없고 모두 꿀 먹은 벙어리가 되어서 북한 쪽의 민둥산을 바라보고들 있었다. 강물 따라 일정한 거리의 반환점에서 돌아오는 뱃놀이였다. 〈두만강〉 노래도 들을 수 없고, 물을 가르는 소리와 모터엔진 소리만 귀를 괴롭게 했다.

북한지역 강기슭에는 갈대와 강에서 잘 자란 키 작은 숲이 강의 경계를 이루고 있다. 새들의 놀이터로 자연스러워 보이지만 또 다른 은폐, 엄폐가 되기에 안성맞춤이다. 먼 산에는 푸른 숲의 계절이 아니라서 그런지 언덕과 산이 청명한 가을날인데도 쓸쓸해 보였다.

소문에 낮에는 북한과 중국이 무역을 하고, 밤이면 조선족과 북한동포가 현물로 물물교환을 한다고 한다. 북한과 이곳과 연결된 두만강 철로이다. 그곳에 기차가 지나가고 있다. 대형트럭 두 대가 거북이 기듯 느린 속도로 건너오고 있다.

두만강 하늘빛 닮은 강도 나이 들어서인지 넋 잃고 일행을 바라보며 통일의 꿈을 꾸고 있겠지. 강물도 감정이 거칠어 보인다. 무심한 저 강을 바라보면 아쉽고 안타까운 마음이다. 눈으로 하소연하는 강을 바라보며 발걸음을 무겁게 옮겼다.

두만강 흐르는 물을 애처롭게 바라보며 그리운 지난날을 생각했던 그 사람들이 수명을 다하여 한 줌의 흙이 되어 고이 잠들어 있다. 한이 서려있는 산천초목 눈물이 오늘도 두만강에 안겨 흘러가고 있겠지. 강물이 웅크리고 얼어서 하얀 다리가 되었네. 그 빙판이 달빛에 어리어 찬 윤기 되어 밤길을 안내하고 있네. 강은 동족의 훈훈한 마음을 알겠지. 얼음길이 되어 준 두만강이 고맙다.

바다 그 맛

하늘이 쪽빛 바다를 닮으려 한다. 바다 위에 하늘이 가볍게 앉아 수평선이 곡선이 되어 보인다. 그곳의 풍경은 광활하여 마음이 뻥 뚫리듯이 상쾌하며 후련하였다. 파도는 길고 긴 여정과 몸을 숨기고 달려와 바위섬 앞에 하얀 모습을 드러낸다. 숨죽인 파도는 반환점을 말없이 돌아서 간다.

정자 가까이 소나무 한 그루가 오고가는 행락객들을 반긴다. 큰스님 닮은 장송長松 끝자락을 명지바람이 흔든다. '찰싸닥 찰싸닥' 부딪치는 파도 소리와 함께 통통배 소리가 화음이 되어 합창을 한다. 나는 실눈을 뜨고 배를 찾았다. 아스라이 보일 듯 말 듯 물비늘 너머 점 하나가 보였다 파도가 삼키듯 사라진다.

아주 먼 섬과 뭍에서 파도와 동행한 모래를 밀쳐놓고 되돌아간다. 파도의 시름은 모래톱이 말한다. 파도는 시름을 모래톱에 묻고 간다. 그 시름이 부딪칠 때마다 거품이 되는 아픔을 견디어야 한다.

물가에 아낙이 긴 장대를 들고 있다. 백사장과 잔잔한 물결이 출렁이며 우리를 유혹한다. 모래밭에는 아낙과 멀리서 걸어오는 젊은 남녀뿐 한산하다. 장대를 든 아낙은 물결을 들여다보며 해초 조각을 기다리는 것 같다. 파도가 해초를 살며시 아낙 앞에 밀어놓을 때 날쌔게 건져 올린다.

함께 있어야 할 해초는 홀로 떨어져 아낙에 의해 팔려갈 처지가 되었다. 그 해초는 바다를 떠나기 싫어서 자맥질을 하며 안간힘을 다해도 순식간에 가로채는 숙달된 솜씨에 당할 재간이 없었다. 입양되어 가도 착한 산모에게 가기를 마음속으로 빌었다.

우리는 파도가 밀려오는 가장자리까지 와서 파도와 손인사를 하였다. 바다는 한밤 동안 설산 바람에 시달리다가 겨우 태양에 온기를 받았는데도 찬기가 아직 남았다. 모래톱을 이루는 알갱이들이 손바닥에 안겨 비비댄다. 물빛에 드러난 모래는 깔끔하여 고운 빛깔을 내고 있다. 그 긴 날의 고통과 고독을 이고 온 모래가 대견해 보인다.

노부부는 긴 세월 동안 애환을 지니고 살아왔다. 멍에로 멍든 가슴을 깊이 숨기고 온 아내가 이제 육신의 고통을 겪고 있다. "아이고"를 입에 달고 산다. 다리야, 허리야 말끝마다 '아이고'이다. 전화할 때에도 후렴이 된다.

산사 경내를 돌아보고 어시장으로 발길을 돌렸다. 바다를 등지고 가다가 다시 모래톱 위에 발길을 스칠 때 손녀 생각이 떠오른다. 큰 키에 초등 6학년이 된 사춘기 소녀이다. 말괄량이 삐삐 같던 아이가 말수가 적어지고 있다. 다섯 살 때 그 아이가 모래 속을 뒤지며 조개껍질을 줍고 있었다. 그 아이는 엄마, 아빠, 동생이 생각나서인지, 초행인데도 이곳에서 엄마, 아빠하고 지낸 이야기를 그럴듯하게 상상의 날개를 펼치며 말했었다. 그 아이가 눈앞에 어른거린다.

바다 냄새가 가득하다. 횟감이 될 가자미들이 플라스틱 대야에 담겨있다. 그것을 한 대야 샀다. 회치는데 칼 손질 솜씨가 보통이 아니다. 대야에 갇혀있던 가자미가 아낙네 손에서 머리와 꼬리지느러미를 버둥거리고 있다. 죽음의 공포를 느끼고 있는 것 같다. 그 회를 먹는다는 생각을 하니, 마음이 야릇해진다. 그것들이 칼질을 당하는 것이 보기 싫어서 눈을 돌렸다. 생선들의 찌꺼기로 비린내가 지독하였다. 횟감은 도시락 크기의 상자 4개와 나머지는 매운탕용으로 비닐봉지에 싸준다. 가자미 찌개를 군대서 자주 먹었던 생각이 난다.

우리는 숙소에 돌아와 매운탕을 끓이고 횟감을 준비하여 때 지난 점심을 먹었다. 아내가 회를 좋아한다. 나는 생선 음식을 그리 좋아하지 않는다. 말하기를 회의 맛이 입에 살살 녹는다는 둥, 쩍쩍 입안에 감긴다고 하지만. 나는 그 말을 듣고도 그 맛을 느끼지 못했다. 그날 참가자미인지 도다리인지 알 수 없는 회를 참 맛으로 먹었다. 처음으로 회의 진미珍味를 알게 되었다. 시장이 반찬이란 말과 소식笑食이란 말이 있다. 즐겁고 재미있게 함께 어울려 먹는 의미가 담긴 것 같다.

숙소 주변에는 짙푸른 녹음이 병풍처럼 둘러있다. 오솔길 따라 풋풋한 풀 향기에 취하여 온천수에 가는 시각도 잊고 있었다. 해도 서산마루에 걸렸다. 하늬바람이 솔솔 옷깃을 더듬고 간다.

냉온탕에 불가마와 함께하면서 피로를 풀었다. 해마다 이곳에 봄가을에 꼭 다녀간다. 아내의 온천욕을 위해서이다. 명산의 약수가 통증과 피부에 효험 있는지, 아내는 구경보다 온천욕에 마음을 두고 있다. 아내가 시름을 온천수에 녹여내고,

지난날 서운한 것들 사라지길 빈다. 무겁게 걸머진 삶의 짐을 온천수에 비우고 가야겠다.

이 생각 저 생각

새벽미사 다녀오는 길이었다. 횡단보도에서 신호를 기다리는데 들보와 티 생각이 떠오른다. 왜 이런 생각이 떠오르지! 그동안 내 눈의 티를 보는 일을 소홀히 했다는 생각 때문이다. 열심히 나를 보면 주눅 들 일만 보일 것이다. 나는 그만큼 틈과 흠이 많다. 크게 걱정거리가 없으니 주제 파악도 못하고 건방을 떠는 때도 있다. 역시 소견이 좁다는 생각이 든다.

지난날의 격동기의 정서적불안의 여파가 아직도 나타나는 것이 같다. 자격지심이 과하다는 생각을 가져보지만, 무거운 정서적 불안과 공허함이 생길 때 마음이 산란해지면서 분노가 나타나려고 한다. 그때 묵주에 손이 간다. 떠가는 푸른 하늘의 흰구름을 보며 솜사탕을 먹는 아가를 떠올린다. 아이가 민들레 하얀 갓털을 후후 불며 아장아장 걸어가는 모습을 생각한다.

이집트 고대 왕들의 신전과 무덤이 있는 룩소르에 대리석으로 신전을 지었을 노예들이 생각이 난다. 노예들의 목숨은 파리 목숨과 같다고 할 정도로 사람을 짐승 다루듯 하였다고 본다. 내가 그때의 노예가 되었다는 상상을 해 본다. 나는 왜소한 체격에 먹는 것조차 부실하여 힘마저 미약하다. 일을 제대로 하지 못하니, 가죽 끝에 쇠붙이가 달린 채찍으로 인정사정없이 후려칠 때 죽은 듯이 맞아야 한다. 그것을 맞고 숨만 붙어 헐떡이다 점차 숨소리마저 내기 힘든 지경에 이르면 구덩이에 던져지거나 짐승들의 먹이가 될 것이다. 비참하게 죽는다는 생각만 해도 끔찍하고 아찔하다. 몸서리쳐지는 일을 상상하고 나니 하느님 감사합니다. 소리가 절로 나온다.

어제 저녁식사 무렵에 막내며느리로부터 전화가 왔다. 아내는 전화할 때 말소리가 커진다. 청력이 약하기 때문이다. "아이고, 어쩌다 이런 일이, 아이들이 애처롭다. 비통하고, 통탄할 일이다." 놀라는 목소리에 나는 전율을 느꼈다. 우리 아이들 신상에 무슨 일인가 하고 토끼 눈을 뜨고 아내의 통화를 기다렸다. 막내며느리 친구가 유방암으로 사망했다는 통화였다. 내일 조문하러 간다는 것 같다.

아내는 대뜸 그동안 나로 인해 건강검진 받지 못한 것 내년에는 내 대신 꼭 건강 검진 받도록 하라는 것 같다. 그동안 공공기관 회사에서 주선한 건강검진을 해년마다 며느리 대신 아내가 받아왔다.

내가 살고 있는 아파트는 1차이고, 전에 막내아들이 살던 아파트는 2차였다. 그때 큰손녀가 도시 주변 변두리 초등하교 병설유치원에 다니고 둘째 손자는 아파트에 있는 어린이집에 보내고 있었다. 그 아들 또래 엄마들의 친분 나눔 보금자리가 되었다. 집을 장만하여 이사를 갔는데도 모임을 자주 하고 있었다고 한다. 남편도 좋은 직장과 친구 역시 공립고등하교 교사로 근무하고 남부럽지 않은 가정을 꾸리고 행복하게 생활을 해왔다고 한다. 남자 아이가 초등 6학년이고 여자아이가 초등 3학년이어서 서로 아이들 옷을 내려 받아 교환하여 입히는 알뜰한 주부로서의 생활을 해왔다고 한다. 우리 손녀가 6학년이고 손자가 3학이 되어서 옷 교환으로 안성맞춤이다.

막내며느리는 친정이 시골이다. 매우 큰 농장을 가지고 있어 유기농 농산물을 함께 나누면서 서로 정보를 공유하고 주거니 받거니 하면서 정을 쌓으며 지냈다고 한다. 친구는 불혹의 나이에 암 발견 3개월 만에 저세상으로 갔으니, 말로 표현하기 어려운 처지가 되었다.

인간의 존엄에 대한 것을 함께 생각하는 세상에서 살 수 있다는 게 다행이라고 생각한다. 국민을 위해서 최선을 다하고 있는 국가로부터 보호받고 있다는 데 고마운 마음이다. 그리고 며느리의 친구의 애달픈 사연에 마음이 아프다. 어린아이들은 엄마 생각이 나면서 보고픈 마음이 떠나지 않을 것이다. 그래도 아빠가 있어서 다행이다.

나는 부모님 얼굴을 잃고 살았다. 뒤늦게 사진을 통해서 우리 부모라고 하기에 그렇게 알고 머리에 새기고 있다. 가족이 함께 사랑해야 한다는 생각이 더욱 간절하다.

사춘기 손녀

벨 소리가 난다. "아버님! 저예요. 손녀한테 전화했어요?" 막내며느리의 전화다.

"지금 토라져서 자기 방에 들어가 있어요. 할아버지는 손자만 챙기고, 손녀에게는 관심도 없다고 해요. 손자 학교생활만 관심 갖고, 중학교 입학한 손녀 생각은 하지 않는다고, 잔뜩 속상해하고 있어요. 전화 좀 해주세요."

아뿔싸! 손녀와 정다운 대화는 뒷전이고 대뜸 손자의 학교생활만 물어본 것이 화근이 되고 말았다. 손녀는 중학교 입학을 비대면으로 하고, 손자도 초등 4학년 올라가면서 온라인 화면으로 담임의 얼굴을 볼 수 있었다고 한다. 손자는 체격이 육학년 버금갈 정도다. 잘 적응하고 있는지 궁금하여 손자에게 카카오톡과 전화를 해도 받지 않았다. 손녀가 원격수업과 자기 주도 수업을 한다고 한다. 수학 계산을 휴대폰으로 하지 못하게 며느리가 압수했다고 한다. 그동안 코로나19 바이러스로 화상 수업을 하다가 격주 등하교를 한다고 하기에 손녀에게 전화 통화한 것이 나의 불찰이었다. 손녀는 할아버지의 관심이 동생보다 뒤라는 것이 충격이었나 보다. 손녀는 할아버지는 누구보다 자기를 더 사랑하는 것으로 여기고 있었다. 할아버지에게 늘 인정받고 칭찬받았는데….

나도 마음이 불편해지면서 오래도록 손녀 생각을 했다. 그 아이 심중에 할아버지가 있다. 손녀의 고운 심성에 울컥해지면서 눈시울이 뜨거워졌다. 사랑은 되돌려주는 것임을 다시 깨달았다. 훌쩍 커버린 손녀, 세월이 강물처럼 멈춤도 없이 빠르게 흘러갔다.

어린 손녀가 원하여 속초 가는 날이었다. 며느리가 두 아이를 키우는데, 며칠간이라도 한 아이만 돌보면서 여유시간을 주려고 한 것이다. 며느리는 딸이 승용차에 앉아 있는 것을 물끄러미 바라보면서 눈물을 손등으로 훔쳤다. 며느리의 애잔한 모습이 마음에 걸렸다.

강원도 날씨는 늦가을인데도 초겨울같이 쌀쌀하였다. 늦은 점심으로 도로변 음식점에서 냉막국수를 아이에게 먹게 했다. 아내는 손녀가 찬 것을 먹이고 싶지 않은지 아이 눈치를 본다. 손녀도 차고 맛이 없는지 그냥 가자고 한다. 이름 있는 막국수를 먹는 둥 마는 둥 하고 나왔다. 아내가 간식을 먹이기는 했어도 아이에게 따뜻한 것을 먹이지 못한 것이 두고두고 마음에 걸렸다.

나는 손녀에게 전화해서 동생은 아직 어리고 학교 경험이 짧아 걱정스러워 그랬다고 했다. 나는 손녀에게 착하고 씩씩하여 삐삐라는 별명도 있지 않느냐고 말했다. 동생이 누나를 힘들게 하지만, 동생을 꼭 챙기니까 변함없이 나는 으뜸으로 손녀를 사랑한다고 했다. 내 마음이 손녀에게 전해지기를 바란다.

짬뽕 곱빼기

"지안아, 할머니와 짬뽕 먹으러 가자." 초등 3학년 아홉 살 된 손자는 별 반응이 없다. 아내는 내심 의아해하며 손자의 눈치를 살핀다. 막내아들이, "지안아, 짬뽕 먹으러 가자." 말이 떨어지기 무섭게 TV를 보고 있다가 손자는 반색을 하면서 후닥닥 일어난다. 아내는 "저것 봐라, 할미 말에는 듣는 척도 하지 않고, 제 아비가 가자는 말에 뒤도 안 돌아보고 간다." 하며 은근히 서운한 기색이다.

손자는 이미 나름의 속셈이 있는데, 그것을 짐작 못하고 있는 것이 순간이지만 아내는 섭섭한 여운이 가시지 않는 것 같다. 손자가 간 뒤에도 같은 말을 반복하고 있다. 손자는 제 아비와 같이 가서 먹는 식당이 있기 때문이다. 손자는 그곳에 가면 가격도 비싸면서 맛도 있고, 양도 많이 먹을 수 있다는 기대를 하고 있었기 때문일 것이다. 아이의 셈법이 당돌하면서 이기적인 것 같기도 하다. 하지만 아이는 단순하다. 할머니는 동네의 중화요리 식당을 찾을 것을 안 것이다. 기왕이면 제 아비의 단골집을 떠올리고 있었는지 모른다. 할머니의 속 깊은 사랑을 저버리는 것은 아니다. 할머니는 누구 할머니보다 예쁜 할머니로 마음속 깊이 뚜렷하게 새기고 있다. 손자를 만날 때면 할머니는 늘 일만 원 한 장의 용돈을 손자 손에 쥐여 준다. 손자는 솔직하고 천진난만하고, 정녕하다.

시골 외갓집 가자고 하면 정신없이 따라나선다고 한다. 손짬뽕 잘 만드는 집에서 엄마는 보통을 먹는데 아이가 곱빼기를 시켜 먹는 것을 보고 사람들이 신기하게 바라보니 며느리 하는 말이, "어머니, 창피해서 혼났어요." 손자는 음식의 양을 어른 못지않게 먹는다.

지금은 아이들이 어디를 가든지 먹을 것이 흔전만전한데, 내 어린 시절에는 왜 그리도 먹을 것이 없어 산과 들을 다니며 열매와 풀을 먹었는지 또 목이 메인다.

유독 지안이 외할아버지는 손자를 보면 어찌할 줄 모를 정도로 예뻐한다. 지안이는 외할아버지 농사 일손 돕기를 열심히 한다. 어른 몫을 할 정도로 거들고 있다고 칭찬을 한다. 누가 가르쳐주지 않아도 저 하는 것을 보고 탄복뿐이다. 예쁨도 미움도 다 제할 탓이라고 한다.

그 아이는 외할아버지 손가락 발가락이 굽어 있고, 손발에 옹이가 있는 것을 보고 할아버지 일손을 돕는 것은 아니다. 타고난 심성에서 하는 것 같다. 인력人力으로는 할 수 없는 일이다. 조물주에게 감사하는 마음이다.

나는 이 아이를 유모차에 태워 두 해를 돌보았다. 아내가 몸이 부실하여 내가 도와줘야만 했다. 아이와 있으면 행복했다. 백일 지난 아이가 할아버지가 불러주는 동요를 듣고 잠들곤 했다. 그래서 그런지 나를 좋아하는 것 같다.

한식날 아들, 손자 다섯이 시골 선산에서 나의 증조모 사초를 하고 돌아오는 길이었다. 그때가 점심시간 되어 시골 면소재지의 중화요리집을 찾았다. 도로변은 승용차로 장사진을 치고 있다. 좁은 홀과 방에 손님이 자리를 차지하고 일부는 음식을 먹고, 주문 음식 나오기를 기다리는 중이었다. 우리는 밖에서 대기하고 있었다. 차례가 되어 자리를 잡고 기다리는데, 나이 지긋한 주방장 아저씨와 아주머니가 서빙과 카운터를 겸하고 있다. 부부가 함께 일을 하고 있는 모습이 정겨웠다.

반죽된 뭉텅이를 양손으로 잡고 양팔로 힘차게 흔들며 고무줄 늘리듯이 판에 힘껏 때려 치기를 반복한다. 딱딱 소리를 들으면서 음식 나오기를 기다렸다. 음식을 이것저것 넉넉하게 주문했다. 나는 보통 짬뽕을 주문했다. 그릇 가득 담긴 면과 국물이 보기에 매콤하면서 감칠맛이 우러나올 것 같다. 면을 먹어 보니 쫄깃쫄깃하면서 담백하고 구수했다.

손자는 어느새 반 이상을 먹었다. 매워서 찬물을 마시면서 훌쩍거린다. 손자는 면만 건져 먹고 국물만 남겼다. 막내아들은 손자에게 면 반절을 덜어준다. 서슴없이 다 먹어치우고 있다. 내가 보기에도 짬뽕 곱빼기 이상의 면을 먹고 난 배를 보니까 불룩하게 나와 있다. 아이들이 자장면을 좋아하는데, 손자는 싫어한다. 국수와 칼국수를 좋아한다. 주로 담백한 것을 좋아하는 것을 보면 식성도 닮는 것 같다. 그 모습마저 사랑스럽다.

막내아들 회사에서 대여해 주는 주공아파트에 가정을 꾸리고 있을 때다. 푸른 하늘에 햇빛이 초록빛 잔디밭에 쏟아지는데, 노랑 민들레가 활짝 피어 있었다. 노랑 민들레 찾아 나비는 훨훨 날고, 벌은 윙윙거리는 봄날, 아기는 아장아장 꽃을 향해 걸어갔다. 어느새 구슬머리 하얀 민들레가 파란 하늘 빛

아래 긴 목을 내밀고 춘풍을 기다리는 것 같았다. 아가는 입술 모아 할아버지 따라 후후 불었다. 아기는 민들레 하얀 씨긴 줄기를 손에 쥐고 아장아장 걸으며 후후 하면 씨앗이 허공을 빙빙 돌았다. 비행할 때마다 사랑스러운 미소를 지었다. 그 아이가 저만큼 자라서 대식가 된 것 같아 뿌듯하다.

쇼핑백 밑 빠진 날

참기름 향기가 가득하다. 현관 타일 바닥에 참기름 병이 깨지면서 흥건하게 젖었다. 며느리에게 전해줄 식품들을 챙기며 이른 아침에 바지런을 떨다가 종이 쇼핑백 밑이 쑥 빠진 것이다. 그 안에 있던 것이 쏟아지면서 널브러졌다.

종이가방을 손에 들고 엘리베이터를 기다리는 순간에 "퍽" 소리가 나면서 매끄럽고 딱딱한 쑥돌 무늬 바닥 타일에 유리 파편이 이리저리 흩어지고 있었다. 그 바닥에 참기름이 흘러내려 엿판의 갱엿처럼 퍼졌다. 검붉은 빛깔만큼의 고소한 냄새가 피어올랐다. 아내는 어이가 없는지 멍하니 바라보며 "이 아까운 것을." 한숨과 함께 안타까움을 토한다. 나는 아내의 단골 미용실에 가서 이른 순번으로 머리 손질을 하게 하려고 서두르는 중이었다. 며느리 집에 식품을 전해주고 갈 시간이 촉박하여 얼른 치우는 일에 몰두했다. 그 와중에 아내는 걸레를 챙겨 닦아내라고 한다. 걸레가 뒤처리하는 데 번거로울 것 같아서 플라스틱 부채, 쓰레받기와 화장지를 준비했다. 쓰레받기에 바닥의 기름을 부채로 밀어서 담았다. 화장지로 기름 바닥을 닦을 때 걸레보다 깔끔하게 잘 닦아졌다. 바다의 기름띠를 제거하는 데 종이를 이용하는 것을 보았다. 종이가 기름 제거하는 데 안성맞춤이다. 경황이 없어서 참기름 냄새도 느끼지 못했다. 정리가 끝나고 나서야 고소한 향이 코언저리를 문지른다.

나가는 길에 음식물 쓰레기와 일반 쓰레기를 성급하게 치우려고 한 것이 일을 꼬이게 하였다. 일을 차분하게 하지 못한 것이 원인이다. 고구마순나물, 배, 복숭아, 파, 참기름 담긴 종이가방 밑을 받치고 가슴으로 안는 생각을 깜박할 사이 무게 중심이 밑을 향하여 저돌적으로 돌진하고 말았다. 점이 모여 선을 이루듯이 순간순간이 모여 생활의 시간이 된다. 그 찰나의 깜박하는 사이가 헛된 시간이 되고 말았다. 시간이 아까운 만큼 필요한 것들이 쓸모가 없게 되어 실망스러웠다.

말이 참기름이지 들깨와 참깨를 함께 짠 것이 참기름 버금

가게 고소하다. 특이한 들깨 향기가 전혀 나지 않는다. 어릴 때 유과에서 들기름 냄새가 나서 구미에 맞지 않을뿐더러 속마저 불편했다. 나는 유독 콩기름과 들기름에 민감하게 반응한다. 비릿비릿한 기름 냄새는 생각만 해도 메스껍다.

하필이면 종이 쇼핑백에 여러 가지 물건을 넣어서 손잡이를 무심중에 들다가 깨지고, 뒹굴고 산산이 흩어졌다. 나뒹구는 것들이 보기에 민망스러웠다. 아내가 자식 생각만 했지, 종이가 찢어질 거라는 것을 미처 염두에 두지 못한 것이 탈이 되었다. 그것을 간파하고 내가 먼저 처리 못한 것이 속상하였다. 쇼핑백이 비닐과 천으로 된 것도 있고, 보자기도 있는데 하필 종이가방에 담아 일을 그르쳤다.

이른 아침부터 기분이 상했다. 유리병 깨진 일이 과실로 인하여 생긴 일이 아닌 불길한 징조인가 싶어 걱정이 되었다. 깨진다는 것은 재수 없다는 예고 같다. 불안이 머리를 떠나지 않았다. 혹시 난처한 일이라도 생기면 어쩌지. 지나친 불안감에 빠져들 때 마음먹기에 달렸다는 생각으로 가슴을 다독이며 무탈한 하루가 되길 빌었다.

아내는 지나칠 정도로 먹을거리만은 부패가 될지언정 비축되어 있어야 마음이 놓인다고 한다. 그러면서도 곡식 한 톨

헛되게 하지 않으려고 한다. 물건을 살 때 싸게 그리고 덤까지 얻어야 물건 살 맛이 난다고 한다.

들기름을 짜오면 모두 나누어 준다. 자식들 그리고 가까운 인척들 나누어 주려고 한 해에 빈 소주병 삼십여 개를 모으기도 한다. 그 병들을 기름집에도 가져다 준다. 알뜰 할머니로 듣기에 그럴싸하다. 궁색스럽다는 생각도 든다. 자식들은 말리지만, 이제는 어머니의 취미생활의 하나로 보아 넘긴다.

아내는 그제서야 천 쇼핑백에 물건을 담았다. 운전하면서 아내에게 감정을 누그러뜨리고 푸근하게 감싸는 말을 해줘야 하는데 싫은 말을 하였다. 아내는 침묵한다. 내 감정을 추스르지 못하고 격할 때가 있다. 마음이 안정되면 묵상의 시간을 갖는다. 육체의 고통보다 마음의 고통은 참 아프다. 그것을 견디며 평정을 유지할 수 있는 마음을 가지려고 노력한다. 그냥 늘 사랑하는 마음을 챙기면 그게 평화이다. 종이 쇼핑백은 자연보존하는 데 꼭 필요한 가방이다. 천 쇼핑백을 많이 사용해야 지구는 좋아한다.

아침에 깨진 병 때문에 그날 걱정거리가 생길 거란 생각은 기우였고 하루를 평화롭게 지낼 수 있었다. 참기름처럼 고소한 이웃이 되고 싶다.

촛불 꽃

문을 열면 촛불이 반긴다. 나는 성호를 긋고 그곳을 향해 정중하게 고개를 숙였다. 단상에 자리하여 좌우 한 쌍씩 하얀 촛불이 근위병처럼 감실을 보호하고 있는 듯 보였다. 그들은 늘 단상에서 침묵을 지키며 차분하면서도 엄숙함을 잃지 않고 있었다. 청결한 몸과 마음으로 몸을 녹여 불을 밝힌다. 늘씬한 몸에 무명실 심지 하나로 하얀 혈류와 함께 타면서 빛이 된다.

불꽃을 뚫어지게 바라본다. 마음 안에 초의 불꽃이 피기 시작한다. 그 촛불을 바라보면 십자가의 불꽃이 토끼풀 모양이 되어 나를 빤히 바라보며 미소를 짓고 있다.

초는 세월 동안 깊은 바위틈에 고여 있다가, 파라핀이란 이름의 모태에서 불을 밝히어 영혼을 깨우는 힘이 되고 있다. 초도 여기까지 오는 여정 동안 갖은 학대와 구박을 받았을 것이다. 때론 학대에 매몰되어 고통을 겪어야 했을 것이고, 고독을 삼키며 암담한 날들을 기약 없이 보냈을 것이다. 그의 뜨거운 피 같은 하얀 눈물이 말해주는 것 같다.

촛불 꽃은 불속의 고통 속에 있다. 용암처럼 뜨거운 액체를 끌어안고 그 고통을 인내하는 그의 몸과 마음은 죽음을 앞둔 환자보다 더할 것 같다. 그의 입맛은 늘 소태맛에 마시는 것마다 초를 마시는 것 같았을 것이다. 식음을 전폐하여 온몸이 탈진상태에 피골이 상접한 환자 이상의 고통일 것이다.

밤이 깊어지면 빛은 밝아 보인다. 그 빛이 바다의 등대같이 우리 삶의 길잡이가 되어주고 있다. 그분의 집 내실자리에 앉아서 영혼을 다독이기 위해서 내면 깊숙이 들어가 회한의 시간을 묵상을 한다. 마음을 가다듬기 위한 시간을 갖고자 했지만, 상념에 함몰되어 숨도 가빠지려고 한다. 지난날의 아쉬웠던 일들이 해일같이 밀려 덮쳐오기 때문이다. 마음속의 촛불로 그늘진 마음일랑 태워 밝고 맑은 자리에 용서와 겸손의 미덕이 채워지기를 바라지만 언제나 그때뿐 약한 인간이라 늘 미숙하다. 하지만 나를 돌아본다는 것은 소중한 시간이다.

나는 그를 두 손으로 안을 때 그는 물과 같은 향기로 낮은 자세를 지니고 있다. 초는 긴 인고를 겪으며 어둠을 태워왔다. 그는 쇠잔하고 잔약하지만, 울분을 토하며 정의의 깃발이 되게 함성을 부추기는 힘의 화신이 되기도 했다. 생명의 존엄을 환기시키는 뜨거운 눈물이 손등에 떨어진다. 그 뜨거움을 참고 손등을 어루만지면서 촛불의 아픔을 생각했다.

단상의 그는 오로지 자신을 불태워 승화하고자 하는 일념으로 나선 것 같다. 하얀 피를 모아 불꽃을 피우는 그의 거룩한 희생은 성인들의 영을 함께하고자 하는 것 같다. 그의 불꽃은 사철 푸른 동백 빛보다 곱고, 오월의 푸른 하늘을 이고 있는 화사한 장밋빛 짙은 향기보다 아름답다.

출입문을 열 때마다 단상의 촛불들도 묵상 중에 깜짝 놀라서 그런지 불꽃이 흔들린다. 수녀는 초의 벗이 되어 그 눈물을 닦았다. 그의 수고를 생각하면서 조심스럽게 현관 안쪽 내실 문을 열고 닫는다. 특히 동 · 하절기에 문을 꼭 닫는데, 사나운 벌레가 쇠 갉아 먹는 소리를 내기에 신경이 쓰인다. 그는 잰걸음으로 문을 닫았다. 문소리와 거동을 하는 일이 빈번하게 이어지기에 멋쩍었다.

수녀가 다른 곳으로 갔지만, 그는 음성이 고와서 선창을 잘

했다. 차분하면서 들꽃같이 순박하고 참하였다.

촛불은 물의 향기를 지니고 있으면서 공기도 맑게 한다. 초처럼 물의 향기를 늘 지니고 싶다. 황혼의 나이에 애 된다고 한다. 그 말을 들을 때 번민과 고뇌의 시간이 된다. 나는 마음의 청춘이 되고 싶다. 침묵하고 묵묵히 헌신하는 촛불을 닮는다면 멋진 노신사가 될 텐데, 그것이 쉽지 않다. 촛불 꽃은 평화, 순결, 사랑의 빛을 내고 있다. 촛불 향기는 언제나 내 안에 불꽃이 되어 영원히 사라지지 않기를 바란다.

한라산 등반

깊은 잠에 빠진 두 아들을 뒤에 두고 아내와 나는 소리 없이 숙소를 나왔다. 지난 유월에 왔던 바닷가 잔디밭 올레길이 좋아서 다시 찾아 나섰다. 한참 걷다가 벤치에 걸터앉아 바다를 보면서 아내와 도란도란 이야기하는 재미가 추억이 되었다. 나는 어제 있었던 아이들 이야기로 시간을 보냈다. 아내는 외지에 나오면 어색할 정도로 나를 챙긴다. 관절염으로 걷기가 힘들어하는 것을 보면 짠하기만 하였다.

렌터카 한 대로 둘째 아들과 제주 한라산 성판악 탐방안내소를 향하여 달리기 시작했다. 이른 아침 상쾌해진 공기를 마시며 좌우 산의 숲이 물들어가고 있다. 초록색 터널이 상큼하였던 유월이 생각나게 한다. 계절 따라 아름다운 명산이 따로 없다. 단풍이 상쾌함을 준다. 주차공간이 여의치 않아 도로 갓길에 주차하고 매표소까지 걸어갔다. 이른 아침인데도 수학여행 온 학생들이 붐비고 있었다. 큰아들이 산 입장권을 받고 등반은 시작되었다.

큰아이는 스틱 없이, 둘째는 쌍 스틱에 나는 홀 스틱이다. 큰아들 뒤를 부지런히 따라갔다. 둘째는 뒤따라오며 나를 에스코트했다. 등산객들은 무슨 난리가 나서 피난 가듯 서둘러 간다. 군인들이 산악훈련하는 기세처럼 보인다. 큰아이 하는 말이 정오까지 진달래밭 대피소까지 입장해야 정상에 갈 기회를 준다고 하니 빨리 가야 한다면서 다그친다.

한라산 정상을 오르내리는 시간이 8시간이라고 한다. 그 시간이 하루 노동시간과 맞먹는 시간이니 겁부터 나면서 어안이 벙벙해진다. 나이 든 아버지의 안전에 신경을 곤두세우고 있는 아이들에게 민망하다. 세월이 흘러 아들의 도움을 받는 일이 묘한 기분이 든다. 아들의 효심을 이곳에서 체험하고 있다. 훗날 느티나무 아래서 자랑 삼아 그날이 행복했다고 할 만하다.

그저 앞만 보고 걸었다. 이곳에 꼭 한 번 도전해야 한다는 일념이 힘이 되었다. 학생들에게 추월을 당하면서도 뒤지지 않으려고 힘을 다하여 뒤따라 행보를 했다. 힘들다는 것을 숨기고 얼른 가자는 큰아들 뒤를 따르다 보니 엄지발가락이 유난히 돌부리에 부딪혔다. 그 자극에 통증이 함께 오기 시작했다.

등반길이 힘에 겨워 한눈팔 시간 없었다. 한라산 자생 식물을 이리 보고 저리 볼 시간이 없어 내려오는 길에 보자고 미루었다. 큰아이가 바삐 서두르며 중간 캠프에 도착하려면 조금 더 가야 된다고 한다. 큰아이는 이번 등산이 여섯 번째라고 한다. 나하고 둘째는 첫 번째 한라산 등반이다. 아침 식사를 하지 않고 오기를 천만다행이라고 생각했다. 우리 일행은 생각보다 여유 있는 시간에 입장하여 통제구역을 벗어나서 적당한 곳에 휴식을 취하면서 준비한 오이와 초콜릿을 먹고 물도 마시며 허기와 긴장을 풀었다.

그동안에 몇 번 쉬었다. 정상이 눈앞에 있는 것 같지만 그게 아니고 목재로 된 계단이 지그재그로 이어졌다. 그것도 발로 내딛기가 버거웠다. 다리가 당기면서 아팠다. 안전 로프를 잡고 발걸음을 옮겨 보지만, 너무 힘들어 멈출 때 속이 메스껍다. 내 얼굴을 본 큰아이는 둘째에게 제 배낭을 주고, 내 엉덩이를 밀기 시작했다. 둘째가 앞장서서 가고 큰아이가 나를 밀 때 부담스러웠다. 내 배낭은 이미 작은아들 손에 옮겨져 있다. 나는 로프를 잡고 이를 악물고 힘을 다하여 오르기 시작했다. 아이들도 힘이 드는데 나 때문에 더 힘들 것을 생각하니, 젖 먹은 힘까지 다하여 정상마루에 올라 주저앉았다.

바로 내려오자니 백록담 출렁이는 물이 아쉬웠다. 몸 전체가 지쳐 있어 발가락 통증쯤 무시하고 빠른 걸음으로 내려가는데, 고사한 구상나무가 자작나무같이 하얗게 보였다. 한둘도 아니고 이곳저곳에 하얀 나무들이 보여 안타까웠다.

정상에서 한참 내려와 숲속의 다양한 식물을 살피면서 내려오는데 비가 세차게 내려 은근히 두려운 마음이 들었다. 혹시 비가 많이 와 급류가 되면 어쩌나 걱정이 되었다.

준비된 비닐 옷을 입고 바쁘게 내려왔다. 비는 내려올수록 억수로 쏟아졌다. 진달래 대피소에서 두 아들을 만나서 라면으로 몸의 한기를 누그러뜨렸다. 한라산에 있는 다양한 식물을 다 살펴보지 못하고 내려왔다. 내려오는 길에 어디서 그런 힘이 생겼는지 아이들보다 앞서 내려왔다. 둘째가 좀 늦게 도착했다.

비를 피하여 성판악 탐방안내소 부근 식당에서 식사하고 스틱을 버리고 숙소로 왔다. 무리하게 요동치며 돌밭길을 걸어올 때 발에 부딪히는 걸림돌에 엄지발가락 발톱이 먹칠이 되어 있다. 숙소에서 아이들이 아버지 건강이 대단하다고 하면서, 한라산 상봉에서 '큰일' 치르는 것 아닌가 걱정했다는 둘째 아들의 말에 모두 웃었다. 바라던 한라산 등반이 뜻 깊은 추억이 되었다.

4. 소반 미역국

빛이 보여준 파란 하늘

베란다 남북 창을 통하여 하늘을 본다. 하늘 빛깔이 서로 다르다. 북쪽 하늘은 푸른 빛깔이고, 남쪽은 뿌옇게 흐려 보였다. 태양의 자리가 달라서 그렇게 보인 것 같다. 해를 등지고 볼 때와 해를 향하여 볼 때 다르다. 같은 하늘인데도 그리 보인 것이다. 태양을 바라볼 수 있다는 것만으로 상쾌하면서 편안해진다.

언제나 미명에 염경기도念經祈禱를 한다. 잡념이 떠오르면 그 부심으로 두세 번 반복해서 기도문을 읽는다. 시간이 흘러가면서 졸음까지 슬며시 끼어든다. 졸음을 이기지 못하고 방바닥에 등을 대고 잠을 청하면 잠은 사라진다. 늘 하던 기도를 하지 않으면 자고 나서 세수 안 한 것 같은 기분이다.

글밭에서 많은 것을 가꾸면서 자라는 것을 볼 수 있다. 아름다운 빛깔 그리고 알토란 같은 땅속의 알뿌리, 채소 열매가 달랑달랑 달린 것을 생각하면 마음이 훈훈해진다. 글을 가꾸는 방법을 배우는 시간을 갖게 되었다. 글을 쓰는 것은 마음을 다스리고 치유가 된다.

늘 겸손한 태도로 조심스럽게 글공부를 해야겠는 생각을 갖지만, 분위기 파악을 못하고 경솔할 수 있어 긴장의 끈을 놓을 수 없다. 젊을 때는 자극을 받으면 도전과 경쟁에 뛰어들어 최선을 다한다고 했다. 젊어서는 정의도, 사랑도, 의리도, 성실히 해야 한다고 했지만 그게 잘 안 되었다.

나는 복지회관을 가지 않는다. 취미생활 차원에서 사람들과 함께하면 좋으련만. 무슨 핑계와 이유가 많은지 뒷방 노인 행세를 하고 있다. 타고난 태생은 어쩔 수 없다고 하는 아내의 불만스러운 말이 틀리지 않다고 본다. 그곳이 노인의 파라다이스인데, 그곳을 마다하는 내 마음을 나도 모르겠다. 고희를 지나게 되면서부터 외출하기가 싫어진다. 심신이 굳어가는 징조 같다. 말은 백 세 운운하지만 자연의 섭리를 거역할 수 없다. 노인이 되면 자연의 순리를 따라야 도리다.

우선 건강하고, 의식주 걱정할 정도 아니고, 시간 여유가 있어 독서하는 시간을 얻을 수 있다. 독서하다 보면 생소한 용어와 지명 등이 나온다. 메모하고 그것에 대하여 인터넷에 들어가 속속들이 찾아본다. 마음 같아서는 글짓기는 내동댕이치고, 독서에 전념할까 하다가도 독서의 참맛을 알게 해준 것이 수필 입문인데, 쉽게 배신하고 등을 돌릴 수가 없다. 오래전부터 글짓기 재주가 없어 마음은 있어도 하지 못하고 있었다. 글쓰기는 솔직히 너무 어렵다. 독자의 높은 수준에 있는데, 감히 글을 써서 내민다는 것은 두려움이 앞선다.

오랜 시간 굳어진 욕구 충족에 대한 결핍과 자아의식의 회의적인 경향에서 오는 것 같다. 부모 복이 없어서 외롭고 힘든 삶에서 벗어나지 못했던 영향이 있다고 본다. 자신 스스로 사로잡혀서 날지 못한 새처럼 웅크리고 눈치보기에 전전긍긍하는 삶이 소심증만 키웠다. 고독한 사색에서 벗어나 사람들과 함께하는 활동에 동참하여야 하는데 아직도 혼자 있는 버릇을 버리지 못하고 있다.

나는 일인이역으로 만족한다. 내가 독자가 되어 비평하고 퇴고한다. 어느 때는 박진감 넘칠 때 짜릿한 희열감에 빠져 나만의 위안을 갖다가, 다음날 새벽에 그 글을 보고 실망에 젖어들 때가 있다. 글이 될 때도 있다. 간접표절을 할 때다.

그게 표현의 마중물 같은 역할을 한다. 내 스스로 새로운 문장을 구사해야 하는데, 모방 같은 느낌이 들 때 영 뒷맛이 개운하지 않아 시간을 오래 보낸다. 이 정도로 표현하면 되겠지 하면 본인도 모르게 다른 사람의 글을 옮겨놓은 것을 발견하고 이것은 아니지, 내 글의 걸림돌이 되어서 전체 글에 흠이 될 때 고심이 깊어진다.

모방은 창작의 모체라고 하지만, 쉽게 되지 않는다. 솜씨 좋은 묘사에 관심을 갖고 독서를 하면서도 염두에 둔다고 하지만 금방 사라진다. 독서를 많이 하여도 한정된 두뇌라서 좋은 내용의 문장들을 쉽게 기억할 수가 없다. 망각이 나이에 비례하는 것 같다. 생각이 나면 수첩에 기록한다고 하지만 그게 쉬운 일이 아니다.

차분히 글을 쓰는 시간은 잡념을 사라지게 한다. 글에 집중하다 보면 걱정도 사라진다. 글을 쓰면서 독서의 중요성을 알게 된다. 글쓴이의 중심생각을 알고 독자에게 전하고자 하는 것이 무엇인가를 살필 수가 있다. 글은 알맞은 틀에 담아낼 때 깔끔하게 정리가 되어 독자들이 편하게 읽고 공감을 하며 감동을 한다. 명확한 주제와 소재가 싱싱하게 살아 있어야 독자가 감동할 수 있다. 빛이 보여준 파란 하늘같이.

돈 눈

"야! 돈 눈이 오네." 티브이 일기예보와 함께 강원도 산과 해안의 함박눈이 내리는 전경 화면을 바라보면서 아내가 나름의 지난 추억을 말하는 것 같다.

아내는 보름 전, 눈 내린 날을 생생하게 기억하는 것 같다. 날씨만큼이나 마음의 변화가 있었다. 밤부터 내린 눈이 산과 들에 얼룩무늬를 만들었다. 아침부터 먹구름이 하늘에 무겁게 매달려 있다. 곧 함박눈이 내리면서 눈앞 물체를 분별하기 어려울 정도였다.

날씨마저 따라주지 않아서 여행하기에 마땅치 않고, 신종 코로나바이러스까지 퍼져 더욱 불안을 느끼게 했다. 계획된 여행 날 아침인데, 아내의 얼굴이 어두워 보였다. 2박 3일의 여행을 가기가 싫어서 그런 것 같다. 나도 여행하는 것에 마음이 가지 않았다. 큰아들의 전화가 자주 오자 아내는 혼잣말을 하며 가지 않겠다고 했다. 그러면 나도 그만둔다고 했다.

나는 입을 다물고 조용히 쪽방에서 신문을 보는 척하고 있었다. 둘째 아들도 여행 떠나기가 싫은 눈치다. 여기 오는데도 길이 미끄러워서 운전하기가 힘들었다고 한다. 응달진 곳에 빙판길이 되어서 그런 것 같다. 큰아들은 정오에 출발하자고 하더니 곧바로 오전 11시로 시간을 앞당겼다. 거의 시간이 되어서 큰아이가 서두르는 바람에 엉겁결에 그동안 준비한 여행 가방을 챙겨 따라나섰다.

둘째의 차에 앉아서 말없이 차창 밖을 응시하고 있었다. 둘째는 조심스럽게 운전을 한다. 아내가 아들 차가 참 편하다고 한다. 전주와 남원 구간에 터널과 다리가 많아 빙판길이 조심스럽다고 말을 한다. 아내는 터널을 지나면서 산야에 덮인 백설의 신비에 마음이 누그러진 것 같다. 아내는 솜이불을 덮어놓은 것 같이 아름답다고 한다. 지난날 애환을 함께 하며 감회에 젖어 있었는지도 모른다.

거의 2시간 가까이 달린 차를 휴게소에 세우고, 형과 동생이 자리를 교체하고 있다. 이곳은 파란 하늘에 솜구름이 떠

있고 햇살이 눈부실 정도다. 오는 시간이 늘어진 것을 보충이라도 하려는지 날쌔게 질주를 한다.

남해의 쪽빛 바다가 눈 안으로 들어온다. 거제대교를 진입하여 보는 전경은 주름진 마음을 쭉 펴게 하는 것 같고, 정월 한밤중 동치미 국물을 마시는 기분이었다. 대우조선 독과 크레인이 보인다. 그것을 보면서 20대 후반 시절 이곳을 처음 견학했던 것이 어제 일같이 스쳐 간다. 거제 일우면에 위치한 대명리조트 가까운 횟집에서 늦은 점심을 양껏 먹었다. 나는 숙소로 곧바로 왔다. 두 아들은 아내와 함께 시간을 갖도록 했다. 일정을 하루 단축하기로 하고 내일 아침에 나서기로 했다.

숙소에서 나와 남강을 따라 팔팔 고속도로로 진입하여 가는데, 지리산의 설경이 에베레스트산 못지않을 정도로 장관이다. 지리산 봉우리를 바라보는 동안 회상의 늪에 빠져들고 있었다. 지난 세월이 가까이 오는 것 같다. 막내아들이 보충역으로 군 복무를 하게 되었다. 구청소속 방위근무병으로 산불요원이 되어서 근무하는데, 비가 오고 눈이 오면 좋아하던 일이 생각난다.

2월에 속초 방문을 했다. 아내는 늘 송지호 가는 길에 대형 농협마트에 들러 맛깔스러운 횟감과 집에서 만든 두부를 산다. 거기서 얻어들은 이야기다. 작년에 난 산불이 도깨비불이 되듯 획획 불덩어리가 공중을 날아다니면서 군데군데 무섭게 떨어졌다고 한다. 불의 광란에 사람들의 혼이 빠질 정도로 아비규환의 참혹한 지경이었다고 한다.

외양간 지붕에 불이 날아들기 시작할 때 일이다. 소 임자는 많은 소가 불타 죽는 것을 막으려고 외양간 문을 활짝 열어젖히며 내보내기 시작했다. '얼른얼른 나가라. 어디든지 가서 꼭 살아야 한다.' 외양간을 나온 누렁이, 얼룩이, 검둥이 모두 큰 눈에 눈물이 그렁그렁하며 길을 떠나야만 했다. 소들은 주인을 돌아보면서 못내 떠나기 싫어하는 발걸음으로 질서 있게 정처 없이 떠났다. 주인은 떠난 소 떼를 보며 하염없이 눈물을 흘렸다고 한다. 소를 잃는 손실보다는 함께했던 정든 소들을 보내기가 아쉬웠다고 한다.

산불 진압이 마무리되고 나서 사흘째 되는 날 소들이 하나 둘 집을 찾아오기 시작한 기적이 일어났다고 한다. 말 못 하는 가축일망정 주인을 찾아오는 것을 보면 소들을 위해 주인은 정성을 들였다고 본다. 주인을 찾아온 소들의 워낭 소리가 들리는 것 같다.

작년에 산불로 많은 재산 피해와 수목이 고사한 현장에 지금은 작은 나무들을 심고 집도 깔끔하게 짓고 있었다. 속초를 오고가면서 소양 호수의 물이 가득하면 38선 휴게소에 들러 배부르다는 말이 절로 나왔다.

아내와 함께 여행 때마다 맑을 날을 맞이하여 좋아했다. 이율배반적이기도 하지만, 비가 오거나 눈이 많이 내리면 산불 염려가 없다고 말을 한다. 솜이불 덮고 있는 하얀 대지, 돈 눈이 왔다.

별 능금

초록 능금이 맛있다. 능금을 먹기 위해서 지루한 시간을 참고 견디어야 했다. 입국 수속 확인 절차가 지루하였다. 호텔에 여장을 풀고, 저녁이 호텔뷔페식이다. 큰아들이 안내로 동반자와 함께 식당에 들어서니 붉은 양탄자가 깔려 있다. 천장에 매달린 샹들리에 휘황찬란하게 빛난다. 자리를 잡고, 접시에 취향에 맞는 음식을 알맞게 찾아 챙겨서 자리에 앉아서 먹으면 된다.

담백한 음심을 찾아 나섰다. 초행인 이곳은 말도 통하지 않는 곳이다. 아들이 알려 준 곳에서 눈치껏 살피고 있는데, 찬란한 빛깔의 빨간 능금과 초록 사과가 유난히 빛나고 있었다. 그 색감과 모양에 마음이 끌렸다.

동화에 나오는 고양이와 쥐의 요술 구슬이 문득 떠오르면서 당구공 생각도 난다. 능금이 크기가 작아도 윤기가 흘러 질감이 부드러우면서 단단해 보였다. 그 과일을 입에 물기가 아까울 정도로 아름다웠다. 서부영화에 나오는 목동들이 작은 사과를 한입에 베어 먹는 것을 보았다.

오랜만에 타국에서 시장기를 느꼈다. 담백한 음식을 접시에 담았다. 아내가 옆에서 내가 입이 짧다고 하셨던 숙부의 말씀을 넌지시 말해준다. 담백한 맛 하면 무 맛이다. 맛이 없다는 것이 아니라 그냥 무 맛이다. 그 맛은 하얀색에 시원하고 달짝지근하다. 무는 채소의 왕자라고 해도 손색이 없다. 나는 담백한 맛을 좋아하는데 하절기에는 오이냉채에 밥 말아 먹기, 겨울에는 동치미 생채에 참기름 넣고 비벼 먹는 것이 좋다.

한참 만에 빛나는 사과를 후식으로 색깔 별로 4개 가져왔다. 입에서 침이 고였다. 초록 사과를 한입에 물었다. 황금 날개가 서로 껴안듯이 하고, 뻣뻣한 입에서 찬 생수가 솟는 것 같은 신선한 맛이 난다. 겨울철 아궁이 군불에 구워 익힌 고구마 단맛처럼 달고, 껍질도 부드러워서 씹는 맛도 있다. 아삭아삭하면서 새콤달콤한 그야말로 능금 맛이다.

탐욕이 발동을 하기 시작했다. 웨이터와 지배인의 눈치를 살피며 아내와 나는 능금을 두 개씩 자리에서 먹는 것 같이 가져와서 호주머니와 휴대용 가방에 넣었다. 실내 감시카메라가 설치된 것도 까맣게 잊고, 욕심에 눈속임을 하고 있었다. 호텔 측은 여행객들의 흔히 있는 일로 치부하고 비일비재로 넘기고 있는 것 같기도 하다. 과일을 식당에서 양껏 먹을 수는 있어도 가지고 나가는 것은 함께하는 식사 예절에서 어긋난 것이다. 그것도 다른 나라에서 우리나라의 품위를 떨어지게 하는 것이다.

언듯 고어古語 생각이 난다. 쥐 눈은 두려움의 눈, 감시의 눈, 먹이를 찾는 눈이 될 수 있다. "수서낭고首鼠狼顧" 쥐는 훔치고 이리는 살금살금 기어와 가축을 물어 죽인다는 뜻이다. 쥐는 이리 보고 저리 보고 달아날듯 돌아보는 눈빛이 워낙 조심성이 많은 동물이다. 작은 능금을 두고 수서낭고 의미를 생각한다. 작은 것일망정 다시는 예절에 벗어나지 않도록 해야겠다.

사랑의 김치

소설 전후 김장을 한다. 아내는 올해도 김장하지 않고 사 먹는다고 막내며느리에게 미리 말해 두었다. 며느리는 친정에서 담근 김치를 가져다 먹는다고 한 것 같다. 그러던 아내가 다시 며느리에게 김장을 한다고 했다.

"어머니가 담근 김치 먹다가 다른 김치를 식구들이 먹지 않아요." 며느리가 한 말 때문에 고심 끝에 내린 결정이다. 아내는 작년 한 해 홈쇼핑 광고 보고, 김치를 주문하여 며느리와 함께 나누어 먹었다. 주로 총각김치와 배추김치다. 맛이야 그런대로 먹을 만하지만, 가격도 만만치 않고 김치 양도 적어서 감질나기에 십상이다.

아내는 입동이 지나면서부터 김장 스트레스가 나타난다.

그 병이 김장이 끝나야 사그라진다. 주부들이 챙겨야 할 일이 한두 가지가 아니고 엄청난 가사 노동에 시달려야 하기 때문이다. 건강하지 못한 주부들은 더욱 두려움에 떨어야 한다. 양념감을 장만하기 위한 도구와 그릇을 준비하고, 재료로 5년산 천일염부터 잘 발효된 제주도 동굴 젓갈에 액젓까지 준비한다. 빛깔이 곱고 방금 잡아 온 새우처럼 가장자리는 선홍색을 띠고 몸통은 하얀 새우젓을 준비한다. 황강달이, 가자미, 멸치액젓은 미리 준비해 둔다. 양념으로 고춧가루, 마늘, 쪽파, 미나리, 무, 갓, 양파, 매실원액, 꿀, 엿, 배, 시금치, 생강, 사과즙, 참깨, 배추, 대파 등을 준비한다.

김장 하루 전날 큰 함지에 양념과 액젓을 넣고 골고루 잘 섞는 일을 내가 해야 한다. 채소류를 넣고 약간 숨이 죽은 뒤에 큼직한 나무 주걱으로 삽질하듯이 옆으로 차곡차곡 잘라 퍼서 넘기고 나서 반대로 되풀이한다. 수시로 좌우로 여러 번 저어 보자기로 가볍게 덮어서 하룻밤을 재우면 서로 잘 어우러진다. 양념으로 절인 배추를 가져다가 속부터 겉까지 척척 양념을 골고루 발라서 아내와 막내며느리가 통에 가득 채운다. 뚜껑을 잘 맞게 챙겨 덮고, 옮기는 일까지가 내 일이다. 치우고 청소하고 정리하면 마무리된다.

이제 아내도 구부정하게 굽혔던 등을 쳐들며 "아이고 허리야." 노래를 부르며 잔일을 시도 때도 없이 한다. 사 오고, 껍질을 벗기고, 씻고, 썰고, 다듬고, 끓이고, 버무리고, 어떻게 보면 은근히 즐기고 있는 것 같다. 그동안 해오던 일이 아내의 보람 같다. 이제 칠순 반환점에 가까이 왔다. 나이를 바라보면 한편으로 서글퍼지련만, 김치를 손자 손녀가 맛있게 먹는 모습을 생각하면서 절인 배추에 양념을 바르는 아내의 손놀림은 초겨울의 고요함이 묻어온다.

막내며느리는 김치 궁한 작년 한 해를 보냈다고 한다. 김치가 부식으로 차지한 비중이 크다는 것을 통감했다고 한다. "어머니 김장이 일 년 양식 같아요. 식구들이 어머니가 담근 김치만 좋아해요." 아내는 얼굴이 밝아진다. "어머니 건강 먼저 챙겨야 해요." 양념감만 준비해 주면 시골에서 김치를 담가 오겠다고 한다. 아내는 말이 없다.

며느리는 이틀간 친정 배추와 씨름을 해야 했다. 새벽부터 배추밭에서 낫을 들고 배추 밑동을 자른다. 다듬고, 나르고, 천일염으로 간하고 시간이 흐른 뒤 씻고, 절인 배추 물 빠지게 한 후 나르고, 차에 싣고 시집에 와서 내리고, 나르고, 앉아서 버무리고, 김치 통에 옮겨서 가져가기까지 며느리가 이틀간 몸살 날 정도로 고생을 해야 한다. 김장철에 가사 노동에 힘이 들어서 젊은 주부들이 은근히 핑계를 대고 시집에 김장하러 가는 일을 싫어한다고 한다. 그러고 보면 며느리하고 시어머니가 힘든 것을 참고 견디면서 가족을 위해서 일을 하고 있다.

아내가 정성을 다하여 담근 김치도 맛이 있지만, 옛날 시골에서 담근 김치 맛이 생각난다. 그 김치는 톡 쏘면서 담백한 물김치와 동치미이다. 오로지 소금하고 배추, 무에 소금물을 넣고 항아리를 땅에 묻었다. 청정 겨울의 찬 공기와 발효균이 특이하게 발효시켰을 때 톡 쏘는 사이다 맛이 난다. 배추김치 재료도 소금과 고춧가루와 새우젓갈 정도다. 고작 기본양념으로 쪽파, 마늘, 생강이다. 그도 땅속에 옹기 김칫독 묻고 나서 한겨울에 먹을 때, 참 김치 맛이 난다. 담백한 김치 맛을 잊을 수가 없다.

어머니가 갖은 정성을 다하여 담근 김치는 가족이 맛있게 먹는 사랑의 김치다. 가족을 위한 배추김치 담그는 일이 사랑의 기도다. 그냥 맛있게 먹어주기를 바라는 어머니의 마음이 담겨 있다. 아낌없이 주는 어머니의 맛이 우러나는 일 년 양식이다.

소반 미역국

동짓달 초하루 귀빠진 날. 아내는 내 생일 상차림 한다고 시금치와 아욱을 사 들고 왔다. "귀빠진 날은 긴 것을 먹어야 건강하지." 아내가 한마디 툭 던진다. "원님 덕분에 나팔 분다더니, 아욱국하고 잡채가 먹고 싶어서 그렇다고 하시지, 핑계는." 나는 가볍게 농담처럼 받았다.

아내는 마을 앞 마트에 거북이 기어가듯이 쉬엄쉬엄 걸음으로 가벼운 채소 두 가지만 사 들고 왔다. 아내에게는 마을 가까운 슈퍼도, 거리가 왕복 800m가 안 되는데도 멀게 느껴진다고 한다. 아내는 채소를 다듬고 있다. 나는 아내가 그 채소를 다듬으면서 나의 일거수일투족에 대해 신경을 쓴다. 나의 건강에 신경을 쓰는데, 지나칠 정도로 말수가 많아지고 있다. 아내가 건강할 때는 간섭을 하지 않았는데, 나이가 들 만큼 들면서 잔소리꾼이 되어가고 있다.

아내는 그동안 마을 장터 아파트에서 주로 채소류를 사서 승용차로 옮겼다. 지난주에는 아파트에 서는 마을 장터가 쉬는 날이었다. 아내는 식품을 비축하는 버릇이 있다. 그래야 직성이 풀리고 편안해진다고 한다. 나는 생일에 대해 별 관심이 없이 살아왔다. 할머니께서 소반에 차려 방 윗목에 놓고 한참 후에 그 밥을 먹을 때가 있었다. 그것은 나를 챙기는 생일이 아니고 삼신할머니에게 고맙다고 차린 상 같다.

나의 어머니도 힘든 산고의 고통을 겪으면서 자식을 낳아 기르셨다. 어머니도 나를 무사히 출산하고 산후조리에 미역국을 잡수셨다. 아기를 낳으면 윗목 소반 위에 밥과 미역국이 있다. 그것을 양껏 먹어야 아기에게 줄 젖이 나온다. 나를 위해서 뚝배기로 먹었는데, 할머니는 함박으로 그득하게 소밥 먹듯 했다고 하셨다. 이승에서 볼 수 없는 어머니를 안 좋게 말씀하시는 것 같아 은근히 섭섭해지려고 했다.

아내도 아이들 생일 때마다 소반에 미역국과 밥을 차려 놓고 조상께 건강하게 해달라고 빌었다고 한다. 아내의 모성은 대단하다. 며느리도 아내 이상 가족 건사 잘하여 식구들 모두 건강하다.

아내는 큰아이 출산 때 두메산골에서 긴 시간 동안 진통을 겪으며 사경을 헤맨 적이 있었다. 아내가 의식을 잃고 쓰러졌다. 장모님이 아내 이름을 부르며 흔들고 심폐소생술하듯이 자극을 가해도 감감무소식이었다. 생사가 왔다 갔다 했다. 엄마 애간장 타는 정성이 딸을 살렸고 아내는 숨을 쉬면서 눈을 떴다. 아내는 진통과 함께 다시 정신을 놓았다. 장모님은 얼굴색이 변하면서 오로지 딸을 위한 긴장의 끈을 놓지 않고 혼신을 다하여 돌보았고 천지신명이 감복했는지 정신이 다시 돌아왔다. 나도 놀라서 넋이 빠진 것 같이 어찌할 줄을 모르고 허둥대고 있었다. 아내는 소반에 미역국을 먹으면서 기운을 차리기 시작했다.

장모님이 꽁꽁 언 개울물을 빨랫방망이로 힘겹게 두들겨 깨고 있었다. 장모님 얼음물에 맨손 담그고 무명베 기저귀를 주물러서 빨랫줄에 널어놓으면, 된바람에 하얀 깃발이 출렁였다. 하늘의 얼과 평화, 순결, 사랑을 지닌 은빛 기저귀다.

가족들 생일 축하도 하면서 어머니의 사랑은 하늘과 바다보다 높고 깊고 넓다고 했다. 부모에게 효심을 가지면 예수님과 부처님께 드리는 믿음과 불심보다 더 값진 보배스러운 것이다. 부모에게 잘하면 하늘이 차고 넘치게 도와주신다. 그것이 진실한 사람이 되게 해주는 것이다. 산고의 고통은 그냥 잊으면 안 된다.

아내는 아이들 해산달만 되면 온몸이 몸살 난 것 같이 늘쩍지근하면서 쑤시고 결린다고 한다. 아이들의 생일선물이 물질에 매이는 것보다 마음의 아름다움을 지닐 줄 알아서 행복하다.

아내는 가족들 생일이면 꼭 미역국을 끓여 먹이려 한다. 금년도 아내가 차린 소반 미역국을 먹을 수 있을까. 그 미역국은 아내와 며느리가 먹어야 한다. 사랑과 감사의 미역국이기 때문에….

업

아이들 소리가 났다. 햇살이 퍼져 있을 때다. 서쪽 헛간 벽까대기 앞 생울타리 너머에서 나는 소리다. 아이 둘이 신바람이 났다. 남매가 할머니 댁에 온 것이다.

북쪽에 큼직한 사각 벽돌 굴뚝이 시골 한옥의 위세를 보여주고 있다. 둔탁해 보인 기와지붕이 안채를 무겁게 억누르고 있다. 정남향 집이다. 동쪽에는 별채 허름한 방과 헛간이다. 남쪽에도 별채와 큰 대문 옆에는 사랑방이 있다. 동남서로 연결된 허름한 ㄇ자형 헛간이 본채와 약간의 사이를 두고 본채로부터 떨어져 있다. 별채는 뒷간, 돼지우리, 외양간, 닭장 등이 농촌의 고택이다. 굴뚝 모양을 보면 일제 강점기 시대가 떠오른다. 헛간은 흙벽으로 되어 있다. 서쪽을 향해 벽면에 사철나무 생울타리가 조잡스럽고 지저분해 보였다.

"야! 나뭇가지 가져와야지." "응, 할게." 아이는 불장난을 하기 위해서 손가락만 한 나뭇가지 주워다가 성냥불을 켜고 있었다. 그 옆에는 흙벽에 비가 들치는 것을 막기 위해서 짚이엉을 걸쳐 놓았다. 아이들이 놀이하는 것이 재미있어 보였다. 나는 늘 눈치보는 버릇이 있었다. 아이들과 함께 놀고 싶기도 했지만, 아이들이 싫어할 것 같다는 생각이 먼저 어느새 막고 있다. 멀찌감치 떨어져서 그들을 보다가 안으로 들어오는데, 큰소리가 나면서 불이 타기 시작하였다.

이웃 사람들이 함께 하여 다행히 울타리 벽면이 볏집 태우는 냄새만 풍길 정도에서 초동에 불이 꺼졌다. 어린 마음에도 놀라서 대문 안으로 들어갈 때다. 서쪽 헛간 기둥과 잇댄 서까래 크기의 가로대를 타고 커다란 구렁이가 혀를 날름거리며 소리 없이 지나가는 것을 목격했다. 무서움에 머리가 쭈뼛거리고 소름이 끼칠 만큼 징그러웠다.

얼마 후에 헛간이 타기 시작하는데 어디에서 왔는지 높새바람까지 불어서 마을 사람이 불 끄기에 온 힘을 다했지만, 헛간 한쪽이 전소되었다. 불씨 마무리를 완전하게 하지 못한 것이 피해가 커지고, 업이란 것도 나갔다.

지금도 가끔 그 구렁이 생각이 난다. 뱀을 사탄이라고 하기도 하지만, 뱀을 두려운 동물로 여기고 하나의 신처럼 여기는 경우도 있다. 옛사람들이 울안의 구렁이를 함부로 대하지 않았다. 집안에 해를 주기보다는 업이 되어 준다고 여겼다. 구렁이는 땅과 밀착되어 살아간다. 이 때문에 뱀은 농경 문화권에서 '지신'으로 간주하여 풍요를 상징한다. 뱀은 예부터 가옥의 밑바닥에 살면서 집안의 재산을 관장하는 가신家神으로 모셔졌다. 부자가 되는 것을 '업이 들어온다.'고 하고, 재산을 탕진하는 것을 '업 나간다.'고 하는데, 구렁이는 업신業神으로서 집안의 재물을 지킨다고 믿었다.

시골에서 있었던 일이다. 초가집에 흙돌담 벽에 이엉까지 있었다. 그 집은 다른 집에 비해 전기를 밤낮으로 쓸 수 있는 집이었다. 그 당시 특선과 일반 전기를 썼다. 전력량이 부족하여 저녁 늦게 전기가 들어오고 밤 10시경에 나간다. 언제나 호롱불과 초를 준비하여야 했다. 시골에서 먹고 살기에 크게 걱정을 하지 않을 정도의 집이라서 주변 사람들이 부잣집이라고 했다. 그 집은 언제나 장작더미가 그득하게 쌓여 있었다. 그 장작더미에서 나왔는지는 모르나 그때도 큰 구렁이가 담을 타고 지나가는 것을 봤다. 그 당시는 소년이었다. 그래서 그런지 무섭거나 두려운 생각이 들지 않고 '어, 저 집 업이 나가네!' 했다.

그날 여명의 시각에 화장실을 가려는데 옆집 지붕 위에서 스파크가 일어나면서 지붕 위로 불똥이 떨어지는데, 소리치면서 옆집 사람들을 깨워서 다행히 화재를 막았다. 군사용 피복 전선이 오래되어서 합선이 된 것이 새벽이슬에 젖어 있어서 불똥이 떨어져도 바로 불이 붙지 않은 데다 미리 물을 퍼서 전선 근방에 뿌렸기에 그만이나 했다. 그 후 사례로 음식물을 가져와서 잘 먹었다. 우연인지 필연인지는 알 수 없지만 나는 두 번씩이나 구렁이를 본 것이 불과 관련이 되었다. 땅속에서 사는 미물이지만 살기 위해 감각적으로 예측한다는 것에 묘한 생각이 든다.

보기에 혐오감을 주는 미물일지라도 생명을 존중한 조상들의 지혜가 있었다. 동물들의 활동을 관찰하면 재앙을 미리 막을 수 있게 해준다는 것도 생각해 볼 일이다.

인조 홑바지

휴대폰 메시지 알림이 뜬다. 오늘은 더위가 심하니 노약자는 바깥 출입을 자제해 달라고 하였다. 아내는 내 방문이 열려있는 쪽을 바라보면서 말하였다.

"오늘 전주가 35℃ 이상 된다고 하는데, 불볕더위에다가 가마솥의 찜통더위로 어떻게 하루를 보내지! 지안 할아버지, 헌 반바지 이제 그만 걸치고, 중의 바지로 바꿔 입지 그래요."

아내는 더위만큼이나 후텁지근하게 필요 이상의 말을 한다. 방안 공기가 덥지 않게 하려고 어제 저녁부터 앞뒤 창문을 열고 한 밤을 보냈었다. 새벽의 찬 공기방울이 볶아져서 온몸을 감싸고 있어 골 속까지 땀이 나 있는 것 같다. 아내는 가까운 대형마트가 시원하니 그곳으로 피서 가자고 웃으면서 말한다. 나는 그곳이 시원하기는 해도 우리 몸은 달갑지 않게 여길 것이라고 했다. 삼복에 냉방 좋아하다가 여름감기에 걸려서 고생할 수 있어 주의해야 한다고 말했다.

노인들은 살살 부채질하며 독서삼매경에 빠지면 더위는 사라지고 무아지경에 들어서 심신의 평화를 만끽하지 않을까 생각해 봤다. 인조견사人造絹紗, 레이온(Rayon) 홑바지를 입고 보니, 피부가 대환영을 한다. 가볍고 은근히 부드러운 것 같으면서 시원하고 산뜻한 촉감이 느껴진다.

나의 피부는 성질을 내 들쑤시며 달려드는 때가 왕왕 있다. 병원 처방약을 오랫동안 복용하다 보니 과민반응인지, 면역력 약화에서 오는 것인지, 알레르기 현상이 일어날 때가 있다. 피부에 겨자씨만큼이나 매우 작은 것이 도드라지면서 가렵고 따끔거린다.

나는 레이온 홑바지다. 영감쟁이의 피부와 함께하면서 지난날이 주마등처럼 스쳐지나간다. 나는 두메산골에서 태평성쇠를 누리며 낙락장송落落長松 꿈꾸던 청송靑松이었다. 어느 날 양날 전기 톱날에 동강이나 어느 친구는 페이퍼paper가 되고, 나는 옷감이 되고 말았다. 한여름이면 노인 냄새 나는 영감과 함께한 지 오래되었다.

영감쟁이, 나를 손빨래 한다고 플라스틱 재활용품 함지박을 챙겨 놓는다. 그 함지박은 낡아서 궁색함이 물씬 묻어 있다. 그나마 아직 함지박으로 구실을 하는가 보다. 그래도 나는 인정받는 옷인데, 이런 곳에 넣으려고 하다니…. 나를 그 속에 넣기 전 꾸깃꾸깃 구겨 처넣고 수도꼭지를 완전히 좌회전으로 하고 나면 "쏴 쫠쫠" 맹물이 넘치게 가득 담긴다.

나는 그럴 때 숨이 막히게 된다. 수장된 신세로 하루가 지난 때도 있다. 영감은 고무장갑을 끼고서 재활용 빨랫비누로 나를 사정없이 덧칠을 하고 문지르기를 헤아리기 어려울 정도로 하였다.

수돗물을 완전히 틀고 나서 나를 주물러대더니 함지박에 다시 처넣고 세탁기 돌리듯이 빙빙 돌려서 알칼리기를 제거하기를 여러 차례 했다. 나는 자맥질을 꽤 오랫동안 하고 나니 방향감각이 없을 정도가 되었다. 좀 쉬려는데 나를 사정없이 비틀어대니 인정사정없이 후려 털고 난 뒤 십자가에 매달리는 신세가 되어 햇빛과 마주하여 시간을 보내야 했다. 내가 건조대에서 아침부터 한나절이 지나면 또 영감의 냄새를 맡으면서 시간을 함께 보내야 한다.

나는 지금까지 영감과 함께 생활한 것들이 보람된 일이라고 자부하고 싶다. 이 영감을 사랑하고 마음으로 존경하고 있다. 나에게 관심을 가지고 함께하고자 하는 마음이 좋아서이다. 하지만 이 영감쟁이는 위선의 늪에서 나와야 하는데 세상일에 너무 깊숙이 빠져 있어서 답답하다. 나는 이렇게 영감과 한여름이면 함께하면서 지내야 한다. 내 이름은 라이언 아닌 레이온 홑바지다.

조상은 언제나 그곳에

매년 추석 전 벌초와 성묘를 한다. 나는 살아생전 함께했던 조상과 부친 어릴 때 작고한 조모를 추석 전후 두 번 참배하고 있다. 부친 형제 세 분이 돌아가셨다. 홀로 남은 막내 숙부님 모시고 추석을 앞두고 제물과 국화를 준비하여 상석에 올려놓고 엎드려 배례해왔다.

숙부께서 추석을 앞두고 경기도 과천에서 오랫동안 대상포진으로 대학병원에서 치료받고 있다고 한다. 숙부가 올해는 성묘하러 내려가기가 어렵다고 연락이 왔다. 매년 하듯이 벌초를 놉에게 맡기고, 성묘도 잘 챙겨서 수고하라고 하면서 내려가 함께하지 못하여 마음이 무겁다고 했다.

아이들에게 연락하여 함께 성묘하자고 했다. 추석 전날 아이들과 약속 시각보다 일찍 나섰다. 아내는 추석 전날 성묘 가기는 평생 처음이라면서 감염병 때문에 집에만 있다가 바깥에 나오니 날아갈 것 같다고 한다. 새털구름 한 점 없는 잉크 빛 하늘을 바라보면서 '세월 베고 길게 누운 구름 한 조각' 그 노래가 생각이 난다. 줄줄이 들과 산이 뒤로 달리는 것을 바라보면서 아내는 혼잣말을 한다. 오랜만에 나들이 기분이 묘하다면서 온천욕도 못 하여 무릎이 도움도 못 받고 있다고 아쉬움의 한숨을 내쉰다. 아내는 창밖에 시선을 연신 내보낸다. 고추잠자리, 코스모스, 들국화, 백일홍을 보면서 가을의 정취를 은근히 즐기고 있다. 아내가 차창을 열자 향기로운 가을바람이 들어온다. 등산객이 길가에 주차하고 밤을 열심히 줍고 있다.

나는 산소 가까운 길가에 주차했다. 산길이 비탈지고, 긴 장마와 폭우로 둔덕진 길 오르내리는 데 무리가 있어 아내는 차에 있게 했다. 답답하면 그늘진 곳에서 아이들을 기다리라고 했다. 아내 혼자 두고 발길을 옮길 때 발의 무게가 배낭의 무게만큼이나 무겁다. 산사태로 산길마저 없어졌다. 배낭 멜빵이 찢어질 정도로 가득 담긴 것을 걸머지고 길도 없는 곳을 등산화만 믿고 발길을 옮겼다. 가다 보니 아름드리나무가 속살을 내놓고 자빠져있다. 그 나무를 바라보는데 어디에 숨었다가 나타난 소슬바람이 이마의 땀을 닦고 간다. 폭우로 토사를 휩쓸어가면서 뿌리가 버티지 못하고 쓰러졌다. 그것을 보는데 아내의 약한 다리가 머리에 달려와 앉는다. 다리 운동을 충분히 하여야 근육이 강하여 걷는 데 힘이 들지 않을 터인데 그리하지 못하고 무거운 상체로 인하여 어찌 될 것을 떠올리니 가슴이 무거워진다.

그 나무의 줄기와 잎이 무성하게 자라고 뿌리는 줄기보다 약하여 균형이 깨지면서 쓰러진 것이다. 결국 그 나무는 환경에 적응하지 못하여 자연재해에 쓰러졌다. 뿌리가 깊고 넓게 자리를 잡았다면 태풍과 폭우에도 아무 탈도 없이 천년의 세월도 마다치 않고 있을 터인데. 저리되었으니 어찌하겠는가. 어떤 곳에서나 기본이 튼튼해야 이웃에 도움이 되는데 나는 그리 하지 못하고 살아왔다.

조상들의 대전의 뿌리공원이 떠오른다. '뿌리 깊은 조상', '반석이 튼튼한 후손'이 명문가의 기틀이란 생각이 든다. 나는 그동안 집안 조상 선산 일에 최선을 다하여 왔다. 조상에 대한 관심을 두고 성의를 다하여 후손에게 남겨줄 사업에 동참했다. 그것도 웃어른들의 뜻에 따른 것들이다. 문중의 크고 작은 일에 자주 협조하고 있다. 종친회에 번번이 협조하며 응하기도 하지만 때에 따라 핑계도 대고 침묵으로 넘겼다.

추석 후에는 집에서 차례를 지내고 가족들만 성묘했다. 친조모 한 분만 살아생전 본 적이 없는 분이다. 조모님은 부친 네 살 때 장티푸스전염병으로 돌아가셨다. 증조모는 나의 부친과 나를 늘 깊은 연민으로 대하였다. 선산에서 가장 웃어른이 증조모시다. 언제나 이곳에 오면 즐거운 추억보다 애절한 슬픈 사연들만이 주변 밤송이같이 열려 있다.

나는 긴 장마의 폭우와 태풍으로 산소에 산사태가 날까 노심초사했다. 장마와 태풍이 끝날 때 바로 산소에 가서 샅샅이 살피고 확인했다. 전주 숙부님 살아생전에 망주석이 기울어지고, 묘지 뒤쪽 비탈언덕이 사태로 흙이 허물어져 내려앉은 적이 있었다. 이번에는 천만다행으로 아무 일 없었다. 산소에는 무성한 억새와 고사리가 제멋대로 하늘을 향해 길게 자라고 있었다. 혹시 말벌과 뱀이라도 나오면 어쩌나 두려운 생각도 들었다. 풀이 무성하게 자라서 벌초하는 데 놉들이 힘들겠다.

작고하신 숙부께서 산소에 주목과 백일홍 그 이외 잣나무, 측백나무를 조성했다. 그 나무들이 잘 자라서 더벅머리처럼 되었다. 나무들을 전지 작업해야 하는데, 그 일을 해 본 적이 없다. 숙부가 나를 바라보면서 제발 전지작업을 하라는 것 같다.

아이들이 승용차로 각자 시각에 맞춰 와서 성묘를 무사히 마쳤다. 나와 아내, 큰아들, 막내와 막냇손자가 추석 전날 성묘하기는 처음이다. 분당 숙부께 휴대폰으로 촬영하여 보냈다. 손자는 웃어른 할머니(고고조모) 묘 옆에서 빈대밤 한 알을 줍고 좋아한다. 그 밤을 내게 가져와 보여준다. 기념으로 가져가라고 하면서 할머니께도 자랑하라고 했다.

벌초를 깔끔하게 해놓고 보니, 경사진 잔디가 너무 성긴 것 같다. 봉분마다 다시 사초를 해야겠다. 올해 사월 윤달에 해야 하는데, 코로나19 바이러스 핑계로 그냥 넘겼다. 다음 해 한식날에는 꼭 해야겠다. 숙부님은 산소에 관해 관심을 늘 갖고 잘 가꾸셨는데, 나는 조상에 대해 애정이 부족하다. 내가 관심을 가져야 아이들이 따라 할 것 같다. 아이들이 근원은 조상이란 것을 알고 애정과 존경심으로 이곳을 찾아주기를 기대해 본다.

삭정이와 밤송이가 있는데도 실낱같은 줄기의 보라색 꽃이 도라지꽃 같기도 한데 줄기가 넝쿨이라서 관심이 간다. 증조모님이 보여주신 꽃을 휴대폰으로 찰칵 셔터를 눌렀다. 그 꽃을 가슴에 안고 돌아섰다.

호수 쉼터

호수의 쉼터를 찾았다. 찬란한 태양 아래 호수 둘레를 감싸고 있는 산의 짙은 녹음들이 시원하게 몸을 담그고 있다. 호수는 풋풋한 찔레꽃 향기를 풍기고 있다.

뻐꾹뻐꾹, 종달새도 질세라 한 쌍이 높이 날아 지지배배 종종종 비행 재주를 하더니만 어느새 한 마리 내려앉아 둥지를 치고 있나, 완연한 봄 노래가 한창이다. 무논에 모내기 기계 소리뿐, 정겨운 풀피리 소리 대신 출렁이는 소리만 난다.

호수 올레길 바닥의 촘촘하고 부드러운 디딜판이 걷기에 좋았다. 드문드문 늘어선 사각 기둥은 층층이 성깃성깃 긴 가로대와 기둥과 꼭 낀 고리가 안전을 담보하고 있다. 아내는 그 길 따라 정자 쉼터를 향하여 무겁게 발걸음을 옮긴다. 그마저도 힘이 드는지 쉬엄쉬엄 걸으면서 웅장한 사찰을 주시하고 있다. 나는 뒤를 따라가다가 기둥에 몸을 기대고 호수를 바라보면서 환상에 빠져들고 있다. 호수의 신과 마주하는 산령山靈이 서로 화합할까, 견제하면서 반목할까, 산과 호수의 고저와 수직거리가 달라도, 하늘만은 태평스럽다. 아내는 사찰 건물이 다른 것에 호기심이 생기나 보다. 오늘따라 시야에 들어오는 아름다움이 서로 다른 것을 느끼고 있다. 아내는 실물을 보고 나는 물그림자를 보며 사색의 시간이 되었다. 매몰찬 바람이 환기시키고 간다.

맞바람이 졸고 있는 호수를 살며시 발을 적시듯이 건드린다. 일광욕하고 있던 호수는 기지개를 켜듯 물결을 일으키고 있다. 나는 가까이서 물결에 굴절되는 섬광에 눈이 부셔서 바로 볼 수 없었다. 강렬한 그 빛이 신비스럽게 보였다. 소슬바람에 물비늘같이 보일 때도 있고, 물위에 금강석 방석이 둥둥 떠서 번쩍거리는 은빛이 호수의 꽃 빛이 되었다. 아름다움의 극치를 이루고 있다. 호수를 가로질러 길게 늘어선 구름 한 조각 물위를 한가롭게 지나간 자리에 초원의 집이 그려진다.

젊은 시절 시골에서 흑백 텔레비전 시대 미국의 드라마 〈초원의 집〉을 방영해서 열심히 시청한 일이 있다. 초원은 자연의 아름다움을 그대로 보여주었다. 통나무집과 사람들의 순수한 모습으로 열심히 일하는 광경이 흐뭇하였다. 저녁 식사 때 식탁에 음식을 놓고 감사 기도를 한다. 주일날 마을의 가족들은 교회서 기도하고 찬송하고 설교를 듣고 있는 장면이 행복해 보였다. 주요 인물 중에 아버지의 은은함과 어머니의 차분한 사랑이 아이들을 행복하게 해 주고 있었다. 아이들이 생활하는 과정과 마을을 배경으로 한 연속극이다. 가난하지만 순박하게 살아가는 모습이 보기에 좋았다. 아이들의 교육장은 초원의 개울이며, 교회가 학교가 되었다. 그곳에서 생활하는 사람들은 모두 감사로 시작하여 감사로 귀결 지었다. 초원의 생활은 서로를 사랑하면서 한가로움보다는 결속력 있는 활동을 보여주었다. 하지만 시청자의 구미를 당기게 하는 것은 인간의 존엄성에 무게를 두고 있다는 점이다.

젊은 시절을 되돌아보면서, 호수와 푸른 산야만 봐도 배부르다. 아내와 나는 호수가 그린 푸른 그림을 뒤에 두고 승용차에 올랐다.

정월 대보름 전날

내일이면 음력 정월 대보름이다. 음식은 제철에 먹어야 맛이 난다면서 정월대보름에 주로 먹는 나물이 밥상에 놓인다. 지난날에는 찰밥을 쪄냈는데 대추, 밤, 곶감, 붉은팥, 강낭콩, 잣까지 넣어서 약밥 비슷하게 했다. 거기다가 나물도 고사리, 호박, 무, 시금치, 호박, 취, 도라지, 고구마순, 머윗대, 콩나물, 토란줄기, 토란잎 등을 먹었다.

아파트 앞뒤 베란다와 주저리주저리 양파 망에 매달아 놓은 것들이 보름나물들이었다. 이것들이 주부의 마음을 담아 놓은 주머니 같아 보였다. 그런 아내가 지금은 나물도 겨우 호박 나물 한 가지만 만든다. 거기다 흰 찰밥이다. 나물은 시골의 로컬 푸드에서 사 온 것이다. 찹쌀만은 산중 쌀이야 맛이 난다면서 마트에서 사 온 것이다. 흰 찰밥을 김과 먹는데 담백하고 고소하면서 먹을수록 질리지 않고 두고 먹을 수 있었다. 그뿐이 아니다. 나물도 겨우 호박고지 한 종발인데 고소하면서 맛이 대단했다. 국물이 고소하면서 시원하면서 은은한 담백했다.

아내가 거동이 심하게 불편하여 도와줘야 할 처지가 되었다. 쌀을 싱크대 위에 가져다 놓아두면 아내가 알아서 밥을 안친다. 늘 아내는 커피 보트에 물을 따뜻하게 하여 물을 마신다. 그 물도 미리 준비하여 놓아 두 개의 물병에 채워 놓는다. 세탁기의 빨래도 주로 피부에 접촉되는 옷과 양말 내복 등을 아내가 손질해주면 건조대에 알맞게 널어놓고 햇볕에 잘 마른 것을 잘 개어서 옷 서랍장에 정리 해놓는다. 아내는 자기가 없으면 의식주 생활이 질서가 없어질 것이 안 보아도 그림이 그려진다고 한다. 자식들과 며느리들에게 보기 딱한 꼴을 보여서 안 된다면서 아직은 끈질기고 모질게 자기가 곁에 있어야 한다고 한다.

다리 수술을 앞두고 두려움이 있나 보다. 그동안 겁 없이 크고 작은 수술을 받으면서 될 수 있으면 수술을 받지 않고 견디어 보려고 했다. 한 주먹의 약을 먹다 보니 지겹고, 소화

기관에도 무리가 되었다. 걸을 때마다 통증 때문에 활동을 할 수 없어 종합병원에 예약했다. 갑상선염, 류머티즘, 심장, 관련 검사까지 하고 나서 하루 지난 후 바로 수술로 들어간다고 한다. 수술을 앞두고 손자 손녀 생각에 자식들과 며느리 생각에 심신이 바쁘다. 다리를 움직일 때마다 통증을 견디면서 찬을 장만하고 있다. 병원에 들어가면 많은 날이 지나간다는 것을 감안하고 아내는 준비하는 것 같다. 본인만 편하게 하라 해도, 불안을 떨쳐내려고 애쓰는 것 같다.

아내는 장녀로 약하게 태어나 어릴 때 병치레를 했다. 직장일이 힘들어도 동생들을 위해서 일했다. 건강을 돌볼 틈도 없이 결혼했는데, 남편의 적은 봉급으로 근근이 생활했다. 그냥 막연한 삶을 지탱하고 절약하면서 살아온 일들이 너무 힘들었다고 한탄한다. 아내는 나무꾼과 선녀 이야기에서 아이 둘을 데리고 하늘나라로 올라갔는데, 자기는 아들이 셋이라 날개가 있다 해도 무거워서 올라갈 수가 없었다고 했다. 이제 의식주 걱정 안 하고 살 만하니까 아픈 곳만 생기니 박복해도 너무 박복하다고 할 때도 있었다. 서울 친정가는 날 이른 새벽에 공설운동장에서 일하는 아주머니들을 보고 남편 덕에 이런 고생 안 하고 살 수 있어서 다행이라면서 감사하는 마음을 가졌다고 한다.

아내는 오늘도 말한다. 소심한 남편이 운전하다 안 좋은 일이라도 생기지 않을까 걱정되어 점쟁이한테까지 가서 운세를 보고 와서는 내게 운전면허를 따라고 했다. 나는 내키지 않았지만, 은근히 가보지 않은 곳을 가고 싶은 충동이 생겼다. 도전하고 싶은 마음이 있었다. 아내는 점쟁이가 걱정 말고 운전하라고 했다고 안심을 시켰다. 지금은 왜 이렇게 돌돌 잘도 끌고 다니면서, 진작 하지 못한 것을 아쉬워한다. 그때 면허 따게 한 것은 잘한 일이라고 아내는 지금도 말한다.

오늘이 아파트 마을 장날이다. 오늘도 아내와 함께 장터에서 두 팔이 빠질 정도 무거운 물건을 옮겼다. 오늘따라 나물이 새로 생겼다. 쑥갓과 콩나물이다. 보름 전에 세 가지 나물을 먹었다. 흰 찰밥은 거의 다 먹고 이제 잡곡밥을 찰밥 대신 대보름날 먹어야 한다. 그리고 대학병원 진료를 오전 이른 시간에 받고 처방전을 받아야 한다. 오곡밥은 아니지만 세 가지 잡곡밥에 세 가지 나물을 먹고 건강하기를 바라며 돌돌 희망을 찾아가는 날이다.

치명자산 길

몽마르트르Montmartre에 왔다. 그 입구에는 초라한 차림의 푯말이 인사를 한다. 나도 가까이 다가가 허리를 굽혀 깍듯이 인사를 하였다. 그는 말한다. '개미의 역사에 동참합시다.' 그의 곁에는 올망졸망한 자루들이 차곡차곡 쌓여 있었다. 산을 오르는 이들에게 옮겨가기를 간절히 바라는 것 같다. 나도 군소리 없이 포대 하나를 들었다. 그 안에는 사질토가 넘쳐나지 않게 4kg 너끈할 정도 들어 있었다.

치명자산이 프랑스어로 몽마르트르이다. 이곳에서 곧장 오르다 보면 근엄한 예수님 상을 마주하게 된다. 얼마나 힘이 들었으면 겨우10m 거리에 주머니 속의 흙을 이곳에 뿌리고 갔을까? 동백나무들이 좌우로 길 따라 풀색 제복을 입고 사

열하듯 반기고 있다. 완만한 길을 따라 가다 보면 두 길의 갈림길과 삼거리 지점에 이른다. 여기서부터 왼쪽이 예수님의 십자가의 길이다. 성모님께서 예수님을 무릎 위로 받쳐 한 팔로 붙들어 안으시고 다른 팔마저 붙잡으려는 자세를 취하는 모습을 볼 수 있다. 그 모습은 침통하고, 비탄悲歎스런 표정이었다.

이른 아침부터 숲 속의 친구들은 초하의 태양을 맞이할 준비를 했다. 그는 친구들에게 샤워까지 해주고서 푸른 하늘로 바람과 같이 홀연히 가버렸다. 풋풋한 싱그러운 향기가 되어 퍼지고 있다. 유독 동백은 숲속의 나무들의 환영을 받는다. 짙은 초록 저고리를 살며시 어루만지고, 황금빛 볼을 내밀며 포옹을 한다. 동백의 영롱함이 시새움을 잠재우는 초원이다.

동백 새잎이 6월부터 더욱 광택을 내면서 사철 푸름을 자랑하고 있다. 진실한 나무(참나무) 형제들과 사철 푸른 친구들과 동산을 꾸미고 있다. 아름다움을 지닌 동백과 향기 가득한 소나무 보호를 위한 관심을 엿볼 수 있다. 하지만, 그 나무들이 고통의 멍에를 지고 지내야 한다. 그들은 갓길까지 나와 서슴없이 체면도 부끄럼도 없이 속살까지 드러내고 있다. 송근이 지르밟혀 상처가 처절하게 드러나 있다. 밟지 않게 살피면서 가야 한다. 그들은 어려운 가운데서도 상큼한 산소를 무료 제공하면서 차별 없이 환영하고 있지 않은가? 그뿐만은 아니다. 노송은 늘 겸손하게 허리를 굽혀 인사를 한다. 그의 곁에 절묘한 기암절벽이 있어 풍치가 더없이 빛나 보인다.

언제나 발을 디디고 오를 때마다 발바닥 촉감이 부드럽게 느껴지는 것은 나무 디딤이었다. 강산이 한 번 하고 반이 변한 세월이 되었는데도, 지난 세월이 생각나게 하는 것이 침목이다. 석과 목이 언제나 이곳을 지날 때마다 디딤이 되고 있다. 딱딱하고 부드러움이 상반되는 것을 본다. 돌은 언제나 청춘인데, 나무는 상노인이 다 되어 있다. 나무 디딤은 세월의 흔적만큼 탄력이 없어 보인다.

나는 오래전 이곳 오솔길 보수공사에 참여하였다. 성직자들의 묘소 길가에 철길의 침목이 있는데, 밤나무인가 참나무인가는 알 수 없지만 콜타르 물질이 침목에 칠해진 것을 볼 수 있었다. 뭉뚝하게 동강난 네모기둥 침목들은 군대의 입소 대기자들이 되어서 부대 배치를 기다리듯이 기죽은 듯이 침묵을 지키고 있었다. 그들은 부름 받을 곳을 기다리다 지친 듯 들쑥날쑥 너부러져 있었다. 나는 왜소하고 연약한 체질에도 도전을 했다. 예수님의 고통을 체험한다는 마음으로 그 무거운 침목을 등과 어깨를 이용하여 매고 경사진 길을 올라가는데 한발 옮기는 데도 힘들었다. 주저앉고 싶을 정도였다. 비지땀이 나고 숨쉬기도 힘들었다. 비탈길이 30m 정도인데도 집을 이고 가는 달팽이처럼 힘들게 옮긴 일이 있었다. 젖 먹던 힘까지 다하여 봉사했던 일이 회상되었다.

시대의 변천에 따라 목재 침목에서 콘크리트 받침대가 나오면서 침목은 변하여 그 덕분에 침목이 치명자산 오솔길 계단이 되고 있다. 계단은 피아노 검은 건반처럼 띄엄띄엄 경사 따라 이쪽저쪽 계단을 이루고 있다. 나무는 우리에게 언제나 부드러운 감촉과 정감을 주는 길동무다. 이 길은 교인들과 등산객들, 오르고 내려가는 길손들이 많은 편이다.

오랜 세월 동안 치명자산 십자가의 길을 함께하면서 급경사 오르막 언덕길 그리고 기암절벽이 있는 십자가의 길이 늘 내 안에 있다.

5. 아름다운 사람

그리움만 남아

오늘내일하신 분이 가셨다. 연어처럼 고향으로 돌아가셨다. 한 줌의 가루가 되어 공원묘지 장인 곁에 모셨다.

서울에서 오랫동안 사시다가 경기도 낯선 곳에서 둘째 아들 곁에 보호받으면서 혼자 사셨지만 고향땅을 그리워하셨다. 전주로 오셔서 큰아들과 큰딸 곁에서 정을 나누며 지내려고 했다. 그 꿈이 어이하다가 졸지에 사라졌다. 연로하여 얻은 병마와 사투하다가 요양병원에서 쓸쓸하게 눈을 감으셨다고 한다.

날씨마저 장모님 생각나게 한다. 마음이 무거워진다. 그분이 하는 말씀이 아직도 귀에 울림이 되어 온다. "자네가 우리 딸 살렸네." 그러시던 분이 가시고 나니 허무하다. 아내가 금년 어버이날 봉투가 갈 곳을 잃고 있다고 한숨을 쉬며 마른 눈물을 흘리며 애통해 하는 것을 보았다. 외손주가 태어날 때마다 보살펴주신 고마움이 더욱 생생해진다. 좀 더 잘 해드리지 못한 내가 된서리 맞은 국화 같아진다.

아내도 불규칙한 날씨를 닮았는지 감정 기복이 심했다. 모친이 힘들게 병마에 시달리는 것에 마음이 불안하여서 그런 것 같았다. 그럴 때마다 기분전환에 노력하고 마음을 편하게 가져보라고 하지만 그리 쉽지 않았다. 시시콜콜 모든 일에 신경을 곤두세웠다.

사람이 심하게 어떠한 고통을 겪고 나면 심리적으로 변화가 오는 것 같다. 매우 침착하고 필요 이상의 말을 하지 않은 사람이 꼬박꼬박 말대꾸를 했다. 어릴 때 고생했던 일, 약한 몸으로 동생들 돌봐야 했던 얘기를 하며 어머니를 원망할 때도 있었다.

이제 춘삼월도 한 주 남았다. 신기루 같은 봄의 하늘을 바라보면서 두 모녀의 주름진 사이에도 봄의 꽃향기가 스며들기를 바란다. 장모님이나 아내는 나이 생각하지 않고 가정을 위해서 열심히 살아왔다. 어느 날 아이들이 자란 것을 보고 "아이고, 늙어있네." 한다. 손자 손녀들이 고등학교 입학 무렵에는 살 만큼 살았으니 여한이 없다고 하면서 그래도 좀 더 살아야지 하셨다. 아내는 이제 목발 없이 조심스럽게 걸을 수 있고 봄맞이를 할 수 있어 그동안 도와주신 분들에게 감사한 마음을 갖고 있다.

꽃향기 가득한 뜰에서 가볍게 거닐고 있는 아내가 고맙다. 지난날 힘들었던 일, 괴롭던 일, 슬픈 일 모두 잊고, 훗날만을 생각하면서 자손들에게 좋은 모습을 보여주자고 했다. 그 말을 몰래 가만히 듣고 있는 꽃들이 활짝 웃으며 명지바람에 고개를 흔들고 있다.

장모님이 계시는 공원묘지를 뒤에 두고 돌아서면서 다음에는 우리 차례란 말을 하는 아내의 말이 서글퍼지면서 허전해진다.

도전하는 둘째

"나쁜 아빠야!" 하던 아이가, 불혹의 중반 나이에 마음고생하면서 승진 시험을 보고 발표날이 되었습니다. 발표 시각 맞춰 컴퓨터 자판 두드리는데 긴장과 불안으로 오타가 자주 납니다. 정정하여 아들 합격 여부를 알아보려는데 더디기만 했습니다. 시간이 한참 지나 이름을 확인했습니다.

시험을 치르고 나서 눈치를 보니 만족한 모습이기에 내심 안심이 되었습니다. 발표 확인을 하고 머리가 멍멍한 가운데 우두커니 천장만 바라보다 아내에게 합격했다고 알려줬습니다. 아내는 기쁨의 눈물을 흘리면서 어려운 형편에 합격했다고 거듭 감격스러워 합니다. 나는 아들의 심적 고통을 곱씹어 보고 있었습니다. 어느새 눈물이 촉촉하게 젖어 있었습니다.

아이가 아빠의 품이 그리워 달려드는데 아빠는 "저리 가." 귀찮게 여기듯이 아이를 받아주지 않았습니다. 무심한 아빠를 본 아이는 매우 속이 상하여 울분을 터트렸던 것입니다. 어린 마음에도 형과 동생에게 밀려 관심이 덜하다고 생각했나 봅니다. 형과 동생을 두고, 남동생이 한발 두발 걷기 시작하고 있었습니다. 그 무렵 동생 때문에 엄마보다는 아빠에게 관심을 받고 싶었는데…. 나는 둘째 아이에게 눈길 한번 주지 않고 할 일만 했습니다. 나는 매우 힘든 시기였습니다. 둘째에게 마음은 있어도 함께할 시간이 없었습니다.

오지마을에서 형제를 낳아서 생활할 때였습니다. 해발 450m로 고원지대입니다. 그곳 생활은 궁핍하여 보기에 민망하기 그지없었습니다. 아내가 약한 몸으로 둘째를 낳았습니다. 아내는 먹는 것마저 부실하여 결핵성 임파선염을 앓게 되었습니다. 임파선염은 눈에 띄게 목 좌우에 도드라지고 있었습니다.

아내가 잘 먹어야 하는데 그러하지 못하여 아이는 젖배를 곯아야 했습니다. 아내는 둘째가 빈 젖을 빨다가 쩝쩝 입술을 움직이는 것을 물끄러미 바라보고 있었습니다. 아내는 눈물을 글썽이며, 안타까워서 한숨만 쉬고 있었습니다. 아내가 너무 처량하고 가엽기만 했습니다. 비참한 현실이 두렵기만 했습니다. 세상 물정 모르고 가장 역할을 단단하게 못한 내 모습이 너무나도 초라해 보였습니다.

아내는 도시의 외과의원에서 결핵성 임파선염 수술을 두 달에 걸쳐서 한다고 했습니다. 저와 아내는 난감하기 그지없었습니다. 하늘이 무너져도 솟아날 구멍이 있다고 했습니다. 마침 지인이 소개한 노인의 한방요법에 의해 아내는 기적같이 완쾌되었습니다.

둘째 아들은 대학을 졸업할 때까지 부모 마음을 편하게 해주려고 첫째와 막내 사이에서 형에게 양보하면서 지내왔습니다. 막내는 형들과 나이 차가 있었습니다. 그 덕에 막내는 기관지 천식으로 아내의 관심을 받고 있는 편입니다. 순하고 엄마 말을 잘 따랐습니다. 대학 다니는 동안 아르바이트로 번 돈을 엄마한테 갖다 줬습니다. 아들에게 잘해주지 못한 것이 안타깝습니다. 내가 할 수 있는 것은 겨우 문자 보낸 일이었습니다.

"때맞게 식사 꼭하고, 거르는 일 없게 해라. 그게 부모 마음 편하게 하는 것이고, 내가 나를 사랑해야 이웃에게 도움을 줄 수 있다."

“긴 터널을 불혹 중반이 될 때까지, 고뇌의 멍에를 짊어지고 힘들게 왔다. 오늘의 삶, 관통하는 원동력으로 삼아라. 그게 곧 성숙하여 가는 나임을 염두에 두어라. 어둠의 그림자를 희망의 빛으로 지우고, 비워라. 언행에 조심하는 것이 등불과 함께 어두운 밤길을 동행하는 것과 같다.”

“어머니와 행복하게 지내세요. 부모님이 계신다는 것이 저한테 큰 힘이 됩니다.”

힘이란 문자에 가슴이 뭉클해집니다. 그동안 고독한 생활과 고뇌를 미루어 짐작할 수 있기 때문입니다. 간단명료한 문자, 그 안에 모두 진주의 아픔같이 내포되었기 때문입니다. 그 아이는 부모에게 걱정을 주지 않으려고 힘든 일들을 모두 숨기고 내색을 하지 않고 있었습니다. 가정에 대한 정리정돈을 야무지게 마무리하고 나서 속내를 드러냈습니다.

아이들이 한창 공부할 때 앞장서서 적극적으로 힘이 되어줘야 하는데, 그러하지 못하여 회한이 됩니다. 큰아이가 재수한다고 학원을 보내 달라고 했습니다. 서울에 있는 대학을 가기 위해서랍니다. 우리 형편에 어림도 없는 주문이었습니다. 아내는 일찍부터 지방에 있는 국립대학에 다니는 것을 바라고 있었습니다. 등록금이 사립대학교보다 적게 든다는 이유에서입니다. 경제적으로 여유롭지 못하여 아이들의 꿈을 접게 한 부모가 되었습니다.

이런 상황을 직시한 둘째는 공부는 뒷전이고 세월아 네월아 시간만 축내고 있었습니다. 부모가 자식의 마음을 헤아리고 보살펴줘야 했었는데, 그리하지 못하고 있었습니다. 결국, 지방 국립대학에 세 아이가 입학하여 무사히 마치는 것을 다행으로 여겼습니다.

둘째 아이가 간혹 자랑 삼아 "고등학교 때 내 지능지수가 높았는데…."라고 했습니다. 그 아이의 고등학교 시절 성적이 관심 밖에 있었지만 아이는 입사 시험에서 승진시험에 관심을 갖고 열심히 했습니다. 기해년 승진시험을 앞두고 이 시험에 낙방할 경우에 대하여 고민을 많이 했습니다.

시험 날짜가 가까워질수록 아이의 심적 고통의 스트레스가 태풍전야 같았습니다. 그 아이의 심적 고통을 어떻게 해야 할지 난감하여 노모는 마음이 편하지 않고 긴장하고 하루하루를 넘기는 데 힘이 들었습니다. 합격 소식을 듣고 아내의 마음이 한결 가벼워질 수 있었습니다.

둘째가 뒤늦게나마 하면 된다는 진취적인 사고를 지니고, 도전하는 힘을 가졌다는 데 마음이 놓였습니다. 아들의 밝은

표정이 보기 좋았습니다. 부모로서 대견하고 말로 다할 수 없는 감격이 벅차기만 했습니다. 아내의 모성애가 있기에 아들이 마음의 동요 없이 차분하게 해냈습니다. 지성이면 감천이란 말이 생각나게 합니다.

보배

보배는 보배다. 보배란 의미를 쉽게 말하기는 버겁다. 명사로 쓰인 그 낱말 자체도 순수한 우리말이다. 보편적으로 보배란 의미를 본능적으로 이해하고 공감하는 태도 역시 삶과 함께한다. 보배의 본래 말은 보패寶貝다.

주로 말과 글을 나타낼 때와 어떤 사물이나 일, 행동 따위가 지니는 가치의 중요성이 담겨 있는 의미를 나타내고 있다. 의미를 부여하다 보면 일반적이며, 보편성을 띠고 있는 것이 보배이다.

보배란 두 글자가 가진 뜻은 문자적 이해로만 다 풀이되는 것만은 아니다. 보배란 우리의 삶 안에서 더 값지고 보람된 것이다. 저마다 타고난 능력에 따라 보람을 가지고 정성을 다하여 일하는 것이 모두에게 도움이 되기 때문에 그것이 보배스럽다고 한다.

먼저 내가 보배로운 나라의 일꾼이 되어야 한다. 많은 사람으로부터 꼭 있어야 할 사람으로 거듭나야 한다. 그렇게 되려면 성실하고 정직하면서 신의를 중요시해야 한다. 이렇게 살펴보면 도덕적인 면에서 경색될 염려도 있을 수 있다. 하지만 부드럽게, 넉넉한 마음을 가지고 배려하는 행동을 친절하다고 한다. 그게 보배가 되는 사람이다.

젊은 시절 세상 물정 어두울 때다. 해가 뉘엿뉘엿 서산에 기울어질 무렵이었다. 쉼터에서 직장 동료들과 담소도 나누면서 소주 한잔씩하고 뿔뿔이 헤어졌다. 그 시절 보배회사에서 광고 겸 애주가들의 관심을 끌어보기 위해서 금 두꺼비를 등장시켰다. 보배소주 병뚜껑 속의 금 한 돈(18k)을 얻기 위해 누구나 주목했다.

보배소주 병뚜껑 속에 복두꺼비 그림을 행운으로 얻을 때의 기쁨이란 이루 말할 수 없다. 기왕이면 마시는 술, 흥미와 요행이 함께하는 날 술값 내기를 자처自處 했다. 동료가 상점에 다녀온다고 손을 내민다. 대여섯 병 값을 주고 기다렸다. 서둘러 가더니만, 날렵하게 보배소주를 사 들고 왔다. 모두 숨을 죽이며 긴장을 하고 있었다. 열기 전의 기대와 병뚜껑 따는 순간은 짜릿했다. 심장 박동 소리가 레일 달리는 기관차 소리같이 두근두근 크게 들린다. 하나하나 열릴 때마다 "또 꽝이네." 서운함과 안타까움의 소리가 합창하듯 퍼진다. 하나하나 술병마다 "감사합니다."가 나오면 다음 병의 기대가 배가돼서 침까지 삼키는 긴장의 연속이 계속되었다. 한순간에 천둥소리 치듯 "금두꺼비 나왔다. 심 봤다!" 소리가 절로 나왔다. 환호성 소리는 하늘을 찌를듯 하였다. 그렇게 기쁜 것인가? 그 작은 한 돈의 금반지가 순금도 아닌데, 좋아하던 동료들이 그리워진다.

술값을 치른 사람이 반지 주인인가, 아니면 술병을 가게에서 들고 온 사람인가에 대하여 상반된 주장들을 했다. 반지 주인이 둘이 되어, 서로 탐내고 있으니 참 딱한 처지가 되었다. 견물생심이 따로 있는 것이 아니고, 거기서 나타나고 있었다. 호의적인 동료가 금 한 돈에 현혹되어서 욕심을 내는 것을 보고 몹시 불쾌하고 화가 치밀었다.

그는 자기 운이라고 어깃장 놓으며 흥분을 가라앉히지 못하고, 목에 힘줄을 세우며 얼굴이 붉으락푸르락해지면서 목소리마저 괭음이 되었다. 그는 기세를 한껏 세우며 상대 기를 꺾고 있었다. 상대에게 전혀 양보할 기미를 보이지 않고 있어 그를 대하기가 난감했다. 그에 대한 미운 감정이 용솟음치고 있었다. 포효하고 싶은 심정이 굴뚝 같았다. 동료들의 통쾌한 함성의 울림이 금 한 돈에 맥빠져 있었다. 그것을 보고 충동을 참으며 못 이기는 척 마음을 비우고 양보했다. 석양이 붉게 물들어 가고 있었다.

함께할 때의 추억이 새록새록 그립다. 한편 언짢아지기도 했지만, 지나고 보니 추억의 열매로 익어가고 있다.

빛바랜 갱지의 글

겉장 종이가 누렇게 떠있다. 그 표지에는 사인펜으로 '도스토옙스키의 罪와 罰을 읽고'라고 쓴 기록자 서명도 눈에 들어온다. 종이를 한 장씩 넘길 때마다 곰팡이 냄새가 나면서 분진도 날린다. 종이가 황갈색이 된 것을 보면, 강산이 여러 번 변했음을 말해주는 것 같다.

친필로 쓴 매수는 몇 장 되지 않지만, 정성을 들여 쓴 필체가 역력하다. 검정볼펜 글씨도 좀이 먹은 것처럼 획이 희미하다. 종이와 글씨가 낡은 것을 보고 그 시절 초라한 분위기가 애처롭게 그려진다. 글의 내용과 문장을 보면 가관이다. 한 문단에 맞춤법, 띄어쓰기, 문장부호, 오자, 탈자, 문장에 들어간 글들이 품사에 어긋나게 배열되어 있다.

내용도 중구난방이고, 낱말도 생뚱맞아 의미 전달이 되지 않는다. 필자는 사전적 뜻보다 감각적인 생각에 도취되어서 감상 글이라고 내놓고 있다. 지금 보면 얼굴이 화끈거리고 쥐구멍이라도 들어가고 싶은 심정이다. 이 글을 본 단 한 사람, 그는 이 글을 보고 안타까운 심정으로 아쉬움의 한숨을 쉬었으리라.

그 시절 감상문을 써보라고 할 때 난감했다. 글짓기 재주가 없다는 핑계로 별 관심 없이 세월을 보내다 막상 닥치고 보니 걱정이 되었다. 그 과제 때문에 밥맛이 뚝뚝 떨어질 정도로 고민이 되었다. 별 뾰족한 수 없이 읽고 써야 했다. 억지로 읽고, 쓰려고 하니 더 어렵고 주제를 벗어나 자신만의 생각에 사로잡혀 있다. 무슨 짓을 하고 있는지조차도 알지 못하고 대단한 것을 알고 있는 것처럼 의기양양하며 고치기를 반복했다.

수준 이하의 문장으로 내용을 직감으로 써놓았다. 차라리 재미있는 이솝이야기나 읽고 가볍게 감상문을 썼다면 힘이 덜 들었을 것이다. 하물며 러시아 작가의 《죄와 벌》을 읽고 감상문을 쓴다고 하니 기가 차다. 그 책은 두툼한 상하권 장편 소설이다. 감상문 쓰기에는 어렵다. 그동안 일기쓰기와 글짓기에 도외시한 문외한이 분별력과 판단력 부족한 것이 무모하기 그지없다. 읽고 줄거리 핵심마저 잡지 못하고 감정에 치우친 부분과 흥미 있는 부분만 기억하여 내용으로 담아 낸 것이 고작 이 정도다.

삼십 대 초반 시절 외판원의 끈질긴 설득을 뿌리치지 못하고 세계문학 전집 한 질을 월부로 샀다. 값이 책 두께만큼이나 만만치 않다. 그 당시 신혼 초라서 가정 형편이 여유가 없을 때다. 아내는 당황하면서 이 형편에 무슨 책을 그렇게 샀냐고 했다. 나도 읽고 자녀들이 자라면서 언젠가는 읽을 기회가 올 거라는 바람으로 마련하였던 것이다. 아이들은 구닥다리 책에 눈길마저 주지 않았다. 그 책은 이사 다니면서 짐만 되다가 지금 살고 있는 곳으로 옮길 때 일부 책들을 버리고 왔다.

아내가 막내 아이에게 베스트셀러와 인문학 서적들을 질과 단권으로 아이 의견에 따라 대량으로 마련하였다. 문학 전집과 세계 위인전기, 세계유적, 특이한 진기명기 담긴 것도 있었다. 그 아이는 한 권도 빠짐없이 독파한 것으로 알고 있다. 독서의 영향인지 알 수 없으나, 막내가 학교 공부도 한눈팔지 않고 했다.

나는 《죄와 벌》을 탐독하기 전부터 러시아 문호들의 작품이라면 좋아했다. 세계 문학 전집이라면 특히 러시아 작품 톨스토이의 《전쟁과 평화》, 《부활》은 마음에 남는 명작이다. 불혹의 나이에 직장에서 고전을 읽고 간단하게 소감을 써보라고 하기에 기억되는 것을 감각적으로 쓴 《죄와 벌》이었다. 도스토옙스키는 극우 보수주의자(러시아 발전 사상) 죗값을 겪는 동안 감옥에서 4년 동안 성경만 읽었다고 한다. 19세기 러시아가 서구의 문명을 받아 근대화를 추구하여 사회변혁을 꾀하는 때였다.

1860년대 후반 페테르부르크. 23세의 청년 라스콜리니코프는 나오지 않고 몇 달을 두고 두문불출로 시간을 보냈다. 그는 야심한 때, 계획된 살인을 하기로 굳히고, 전당포 노파와 그녀의 이복 여동생 리자 베타를 도끼로 잔인무도하게 살해했다.

“그저 이蝨를 죽였을 뿐이야, 아무 쓸모도 없고 더럽고 해롭기만 한 이를.”이라고 주장하지만, 이성과 관념만이 가득했던 그의 마음속에는 예상하지 못한 불안감이 조금씩 싹트기 시작한다. 구체적 증거가 없음에도, 예심판사는 그의 심리를 꿰뚫으며 그를 압박해 온다. 가족들을 먹여 살리기 위해 몸을 파는, 그러나 그 누구보다 순결한 소냐를 만나면서 그는 점점 더 혼란을 느낀다.

라스콜니코프는 갈등, 분노, 술수, 고뇌, 번민, 두려움이 얽히고설키고 뒤범벅 속에 헤매며 그 고통을 도스토옙스키는 혹독하게 표출하는데, 감옥 생활의 체험을 반영한 것 같다. 나는 재미와 흥미, 그리고 긴장으로 인한 경직과 함께 심장이 멈출 것 같은 무서움을 느꼈다. 죄짓고는 못 산다는 말을 아주 깊이 느끼게 되었다. 라스콜니코프는 수단과 방법을 가리지 않고 합리화하지만, 양심이란 사슬이 꽁꽁 얽어맬 뿐만 아니라 심혼의 감옥에서 탈출하지 못하고 있다. 라스콜니코프는 강박관념에 사로잡혀 무의식적 행동장애를 가져왔다.

픽션에 의한 주인공은 자기 과시적이며 지배하려는 야욕이 있다. 보통 사람들은 사회법에 법칙을 지키며 살아가지만, 인텔리는 사회의 모든 법률을 초월할 수 있다고 생각한다.

상류사회의 권력과 부의 힘을 과시하는 사회였다. 부익부 빈익빈 공존이 인텔리들의 혁명적 사상이 활화산처럼 타오를 때였다. 라스콜니코프는 사람의 생명의 중함을 무시하고 무감각 범죄 행위를 했다. 그는 근본적으로 자기중심에서 벗어나지 못하고 살인자가 되었다. 인간이란 자기중심적이며 어떠한 환경과 사건에 휘말리게 되면 자기 극복의 자세로 합리화한다. 사람들은 보편적으로 상대에 대한 허물에 대하여 쉽게 말한다. 정의롭지 못하다고 하지만, 잘못이 크면 꾸짖고, 소소하면 묵인하고 넘겨야 한다. '수전노'라고 쥣값으로 살인을 하는 일은 정당한 일이 아니다. 판사가 할 일이다.

욕심 많은 수전노 노파와 우둔하고 소박한 마음을 가진 시중드는 여인 둘 그리고 두뇌가 명석한 인텔리 대학 중퇴자인 러시아 청년이 가난과 시대적 불만에 살인 행위를 정당화한다. 하지만 그는 양심의 압박을 받는다. 그 앞에는 죽음과 신과 투쟁이란 세 가지 탈출구가 있었다. 그는 모두 선뜻 나설 여력도 없을 때 그에게는 최종으로 소냐가 구원자가 되었다.

현대사회 젊은이들은 개인적 안위를 위한 집단의 결속과 투쟁에 적극으로 동조하고 있다. 각박한 개인주의가 만연한 사회에 일자리마저 찾기가 힘들어지고 있다. 젊은이들의 불만은 커질 수밖에 없다. 행여 자포자기한 삶으로 빠질까 염려된다. 한탕주의, 도박, 기호품 남용, 방탕 생활이 되지 않기를 바란다.

젊은 혈기로 감정 조절이 힘들 때가 있다. 인간의 자제력이 조절되지 않으면 때에 따라서 자존심만 남는다. 그때 화가 나면서 이성을 잃고 분한 감정이 분출된다. 적대 감정으로 분이 치밀 때 욱하면서 처참한 사건이 된다. 그게 우발적 사고다. 정의와 공정실현이 인간 존엄성이다.

소식

오늘 새벽부터 실비가 내리기 시작했다. 마음 같아서는 주룩주룩 세차게 몇 시간 내려주기를 바랐다. 하지만 감질나게 땅거죽도 축이지 못하고 지나가고 있다. 비가 내린다는 소식이 뜬구름이 되었다. 언제부터인가 하루에 두 끼만 먹기, 소식小食을 실천하고 있다. 늦은 아침과 이른 저녁 식사가 일상화되어 결국 세끼가 아닌 두 끼니를 먹는다.

하늘의 구름들은 저희끼리 몰려서 떠나가려 한다. 그동안 황해를 건너온 미세먼지와 꽃가루가 산발적으로 뿌옇게 앉아 다. 그중에도 송홧가루가 바람에 날릴 때마다 눈과 목 안이 따끔따끔 갑갑해진다. 이제 신록이 확연한데, 그마저 씻어내지 못할 정도가 되어서 아쉽기만 하다. 신문을 이리저리 넘기는데 눈에 띄는 소식이 있다.

消息 멀리 떨어져 있는 사람의 사정을 알리는 말이나 글, '알림'으로 순화. 小食 음식을 적게 먹음. 素食 먹은 음식이 소화되다. 잘 먹고 건강 생활함. 笑食 웃으며 편히 먹는 음식에 대하여, 입담 삼아 옮긴 허원순 논설위원 글이다.

버락 오바마 대통령은 일찍부터 올빼미형 인간(night guy)으로 백악관 입성 후에도 새벽 2시까지 안 잔다고 한다. 그런데도 저녁 식사 후 먹는 것은 물과 아몬드뿐이라고 최근 뉴욕타임스가 전했다. 그가 먹는 아몬드는 6개도, 8개도 아닌 7개라는 것에서 흥미롭다. 매일 꼭 7개라는 것에서 임기 말 백악관 공보팀의 이미지 전략도 배어나지만 대통령의 밤은 관심거리가 될 만하다.

청와대에서 오찬이나 만찬 행사도 언뜻 산해진미를 연상할 수 있겠지만 실상은 그렇지도 않다. 칼국수를 유달리 좋아하던 김영삼 대통령 때는 청와대 오찬 후 식사를 다시 해야 했다는 인사도 있었다. 몇 백 명씩 참석하는 해외의 국빈만찬에서 식어버린 말고기에 손이 안 가 늦은 밤 영빈관에서 김치 없은 라면을 먹고서야 잠들 수 있었다는 대통령도 있었다.

늘 먹는 식사지만 한 끼라도 놓치면 하늘까지 살짝 노래지는 게 보통사람의 몸이다. 50년간 매일 한 끼만으로 생활했다는 작고한 망명객 황장엽 씨나 김동길 전 교수 같은 이들에겐 기벽奇癖이 느껴진다. 식사만큼 규칙성 반복성 동일성의 원리 같은 게 적용되는 생활영역도 없다. 그래서 아침밥만큼은 국까지 곁들여야 한다는 이들은 매일 꼭 챙겨먹는다. 반면 아예 건너뛰는 쪽은 영양학자들이야 뭐라든 본인 패턴의 균일성 유지가 나름의 건강법이다.

소식小食보다 소식素食, 즉 기름진 육식을 배제하는 섭생攝生이 관건이라는 주장도 있다. 양쪽 다 현대병이라는 온갖 대사증후군에 도움이 될 양생법이다. 하지만 먹는 즐거움을 어떻게 극복하나. 더구나 맛방과 맛집, 비법 요리로 사방에서 유혹하는 세상이다. 小食도 좋고 素食도 좋지만 웃으며 편히 먹는 笑食이야말로 건강장수 식사법이 아닐까.

이 글을 옮기면서 유명인사의 검소한 모습에 대해 소개한 글을 읽었다. 그것은 언제나 검소함이 가득 묻어난 모습 때문이다. 작고한 유명인사 추모식에 묘비를 향하여 두 무릎을 꿇고 재배하는데 낡은 구두 밑창이 드러나 보였다. 그 구두의 사연에 일화가 마음을 찡하게 했다. 그 낡은 구두는 오래전에 청각장애가 있는 기능공으로부터 만들어진 것을 국회 앞 길거리에서 손수 구입한 것이라고 했다.

이 구두 수선공은 사회에서 보다 낮은 곳에서 성실하게 일하면서 나름대로 행복한 삶을 살아가는 사람이기 때문이다. 사람들은 약자에게 배려보다는 선입견을 먼저 갖게 되는데, 그 벽을 넘어서 온정을 몸소 실천했다는 데 있다. 값비싼 물건을 사서 써야 우리 경제의 내수가 살아나게 되지 않을까도 생각해 본다. 사회지도층이 몸소 실천을 보이는 소식消息에 마음이 편해졌다.

아름다운 사람

성경에 이르기를 사람은 하느님의 형상으로 창조되었다고 한다. 하느님이 남자와 여자로 창조할 때 흙으로 사람을 빚고 그 코에 생명의 숨을 불어넣으시니 사람이 되었다고 한다. 혹자는 인체의 미를 이르기를 신神도 질투한다고 했다. 그리고 신화 · 성서 · 문학에서도 인체의 아름다움을 표현하고 있다. 예술적 표현으로 유 · 무명 화가와 조각 작품이 있고, 로댕 · 피카소 · 마티스…. 근대 거장들의 웅장하고 섬세한 표현을 통한 예술의 극치를 보여주고 있다.

이렇게 창조된 사람들은 나름대로 삶을 영위하기 위해 시대에 따라 질곡 속에서 몸부림친다. 그뿐이 아니다. 구절양장 험한 삶의 길을 걸으면서 하염없이 강물 흘러가듯 살아간다.

그런가 하면 종교 탄압에도 배반하지 않고 단두대에서 이슬처럼 사라져가는 순교자들을 볼 수 있다. 그리스도인들은 거룩한 예수 그리스도의 십자가와 함께하고자 두려움 없이 오로지 믿음 하나만으로 상상할 수 없는 커다란 힘과 능력으로 하느님께 흠숭지례와 찬양을 바쳤다.

사람의 아름다움은 인성과 용모에 있다고 한다. 미인 선발대회에서 진선미 순으로 미인을 선발한다. 아름다운 마음씨를 지니는 것을 으뜸으로 보는 것은 그만한 지성이 함께 갖추어졌음을 의미한다. 착함, 지덕, 성실 등이 잘 갖추어진 것을 의미한다. 한편 영혼의 맑음을 생각할 수 있다.

우리는 아름다움을 나타낼 때 진주를 내세우는 경우가 있다. 진주는 자기 몸 안에 상처가 나서 그 상처가 오랫동안 돌같이 단단하게 굳어갈 때 고통을 긴 세월 동안 참고 견디어낸 진통 끝에 아름다운 구슬로 태어난다. 영롱한 진주만의 진기한 보물로 변신하여 많은 사람들의 주목의 대상이 되며 사랑을 차지하고 있다. 아름다운 마음씨를 진주에 빗대서 투영하여 바라볼 때 사랑은 그냥 얻어지는 것이 아님을 알게 하여준다.

내면 하면 사람의 정신, 심리, 영혼, 마음씨, 혼 등을 생각할 수 있다. 사람들은 "넋 빠진, 얼빠진"을 거침없이 말한다. 사회적 동물이면서 만물의 영장이기에 이를 두고 삶의 화복禍福은 마음먹기에 달려 있다고 말들을 한다. 하지만 인간은 감각에 의한 감정의 동물이다. 그러므로 상황에 따라서 일순간 판단으로 실마리가 잘 풀리기도 하고, 풀리지 않고 어려운 국면으로 전환되어서 마음고생을 하게 된다. 그것은 이성보다 감정이 앞서기 때문이기도 하다. 상대에 대한 배려보다 자존심 때문에 흔히 생긴다. 감정이 상해 있는데 참지 못하고 상대에 대한 말 실수를 하면 감정의 골은 깊어진다. 따지고 보면 대수롭지 않은 일로 날카롭게 감정을 표출하거나 반목하는 것을 흔히 볼 수 있다.

예수는 이웃을 사랑하기를 일흔일곱 번 용서하라고 한다. 하지만 싫은 마음은 늘 잠재되어 있다. 교회단체 모임에 관심이 많은 교우가 변심을 하여 나를 괴롭게 한 적이 있다. 그가 떠오르면 무관심하려 해도 미워진다. 아직도 미운 정이 남아 있는 것 같다. 그에 대한 앙금이 있다는 것은 용서하지 못하고 있다는 것인가….

사랑한다는 것은 하느님께서 주신 최고의 아름다운 선물이다. 하느님이 주신 마음으로 바라보아야 아름답게 보인다.

38선 휴게소의 단상

TV 화면에서 구성진 〈소양강 처녀〉 노래가 나온다. 나는 아내와 한참을 빠져들고 있었다. 그 노래를 들으니 만감이 교차했다. '인제 가면 언제 오나 원통해서 못 살겠네.'는 강원도 최전방에서 근무하는 장병들의 하소연이었다. 1960년대 말에는 전라도에서 그곳을 가려면 이른 새벽부터 나서서 버스에서 열차로 환승하여 춘천까지 가서 다시 버스로 갈아타고 가면 밤이 되어서야 부대에 도착했다.

나는 동해안 지역에서 짧은 군 생활을 했었다. 지금은 일일 생활권이라 하루 만에 면회하고 돌아올 수 있다. 머지않아 국토 균형 발전을 위한 호남과 강원도를 한국 고속철도가 연결되어, 한나절이면 다녀올 수 있다고 한다. 과거에 비하면 꿈

같은 이야기다. 요즘은 고속도로와 일반도로를 이용하여 속초까지 6시간이면 갈 수 있다.

매년 봄가을이 되면 소양강을 바라보면서 한계령 터널을 넘나들며 설악산과 동해를 왕래했다. 언제나 가슴을 뭉클하게 하는 것은 위도 38선이다. 전쟁 전에는 공산당 치하였다. 개성이 북한지역이 되어 이산가족의 한 많은 휴전선이 되었다. 설악산 풍광은 신선들이 감탄할 정도의 명산이다. 설악산만이 계절에 따라 색다른 멋을 지닌다.

국도 고갯마루에 38선 표지석이 언제나 반긴다. 그곳이 소양강 휴게소다. 내려가는 길에 주차하고 넘실대는 호수 물을 바라보면 허기가 사라진다. 어느 가수가 하얀 저고리와 검정 치마를 입고 노래하는 모습을 화면에서 보았다. 그 모습이 단아했다. 유관순 열사와 위안부소녀상이 생각났다.

이곳에도 하얀 저고리에 까만 치마를 입고 우뚝 서있는 소양강 처녀상이 있다면 좋겠다. 시골 아가씨의 애련한 사연이 시대적 상징이 되겠다는 생각을 하였다. 참한 산골 처녀와 외지 총각이 풋사랑을 하다가 총각이 떠나고, 그가 돌아오기만 기다리는 처녀의 안타까운 사연을 상상한다.

언젠가 소양 호수가 바닥까지 드러날 때는 너무나 흉물스럽게 보였다. 모래, 돌, 바위들이 드러나 보이는데 갈증에 시달리는 것을 보았다. 갈대가 사막의 푸른 섬을 이루고 있는 것 같이 보였다. 올해에는 태풍 링링과 타파가 지나면서 소양강이 차고 넘칠 정도로 가득하다. 강을 바라보는 소양강 처녀도 비를 맞으며 서글픔이 지워지기를 바란다.

호수가 파란 하늘과 해를 품고 있는데, 살며시 끼어든 솜구름이 해를 품으려 한다. 산야는 고개를 내밀고 수목들이 소양강 물 위에 떠 있다. 한 폭의 그림인듯 아름답게 펼쳐 있는 경치가 발길을 떨어지지 않게 하였다.

어찌 이런 일이

오늘 우리나라 축구 조별 예선전 마지막날이다. 러시아 카잔아레나 축구경기장에서 한국과 독일이 경기를 한다. 현재 새벽 시간이니까 밤 11시가 되려면 반나절 이상 있어야 경기 시간이 된다. 세계랭킹 1위이자 전 대회 우승팀인 독일과 우리나라 대표 팀이 월드컵 조별 16강 예선 전날이다. 기적의 승리를 기대하지만…. 무승부라도 되길 은근히 바라고 있다. 희망의 끈을 붙잡아보려는 마음으로 담담하게 기다려본다.

나는 그동안 생각했던 글쓰기를 하기 위해서 컴퓨터에 앉아 시간을 보내고 있는데, 아내가 한마디하고 지나간다. "거기서 밥이 생기나요. 쑥개떡이 생기나요." 어투로 보아 비아냥거리는 것 같지만 그게 아니고, "아침식사 준비가 다 되었으니 얼른 오세요." 했다. 자리에서 일어나지 않으면 높은 언성이 나올 수 있다. 내가 건강하지 못하면 본인이 많이 불편하다는 것을 항상 생각하고 있는 것 같다. 내가 집안일을 군소리 없이 열심히 돕는 것을 보고 은근이 나름대로 마음의 여유가 있는 말을 해본 것이리라. 아내는 몸이 불편하면서부터 신경이 예민하고, 급하게 서두르는 경우가 간헐적으로 나타나기에 안타까운 마음이다.

젊었을 때 일이다. 나는 아이가 아프거나 아이가 늦은 시간에 집에 없을 때 허둥대기만 했었다. 당황하면서 침착함을 잃을 정도로 화만 내고 있었다고 해야 할 것 같다. 그럴 때마다 아내에게 더욱 힘들게 했는데도, 아내는 그때마다 냉정해지면서 매우 침착하게 대처를 했다. 지금은 반대로 내가 차분하게 아내에게 조언을 많이 하고 있다. 서로 신뢰하고 의지하기 때문에 마음에 들지 않고 언짢아도 얼렁뚱땅 슬쩍 넘어간다.

나는 시간에 맞게 집을 나섰다. 성당을 가는 길인데 이상할 정도로 거리와 사람들 모습이 차분해 보였다. 내 마음이 그렇게 느껴져서 그런 것인지 알 수가 없다. 나는 걸으면서 호주머니에 손을 넣고 묵주기도를 한다. 또 다른 생각을 하면서, 부심의 기도를 함께 한 것이다. 하지만, 비집고 들어온 잡념을 떨쳐버리기를 반복하면서 기도를 마무리한다. 성당 오고 가면서 오단을 할 수 있다. 이제는 습관이 되었다.

수요일 오전 10시 미사를 성당에서 드리는데 신부님의 성체 때 선창과 후창 기도문을 하는데 나만 생뚱맞게 난데없이 동떨어진 기도 말을 했다. “전능하신 하느님! 월드컵 하는데 2대 0으로 이기게 해주십시오.” “하느님은 하실 수 있지요.” 그리하고서도 꼭 해주시라는 믿음은 갖지 않고 있었다. 99%는 독일 승이고, 대한민국은 1%의 승률인데…. 우리가 무승부만 해도 기적인데, 독일은 4년 전 월드컵 우승 국가인데 감불생심敢不生心 이긴다는 것은 홍해를 가르는 기적 버금갈 정도다. 4년이 어찌 보면 길고, 나이 지긋한 이가 보면 매우 짧은 기간이다.

독일이 전 같지 않고 무기력하다고 하지만 얕잡아볼 수 없다. 그들은 전해온 전통과 쌓인 경험을 볼 때 승리는 독일이라고 장담할 수 있다. 하지만 기적은 혼신의 투지와 인내로 죽기 살기로 경기를 한다면 하늘의 도움을 받아서 멋진 경기로 마무리를 할 거라고 여겨진다. 나를 버리고 오로지 함께하는 팀을 위하고, 조국을 위해 뛰고 또 뛰는 그들을 바라보시는 하느님께서 그냥 보고 있지 않으시고, 우리 선수들에게 사랑을 주실 거라고 기다리고 있었는데….

하느님께서 우리 축구 선수들에게 매우 큰 사랑을 주셨다. 그 사랑이 독일을 이겼다. 그것도 2대 0으로 승리했다. 나는 건방지게, 모든 사람들이 간절히 바라고 원하는 기도였는데, 나의 기도를 들어준 것으로 생각하였다. 기쁨과 함께 두려운 마음이 들었다. 그 기도는 대한민국 모든 국민이 하느님께 드린 기도를 들어주신 것으로 마음먹고 나서는 무거운 마음이 가벼워지면서 평화로워졌다. 나의 특이한 행동은 결국은 잘못되었다는 것을 생각하면서도 아직 마음을 비우지 못하고 이 글을 쓴다.

간혹 마음을 다하여 정성을 다하여 간절히 기원했는데 아무 변화도 없을 때 답답하고 서운한 마음을 마음속에 담고서 불만을 표출할 때도 있다. 그 기도는 기복신앙이기 때문이다. 바라고 원한 일이 틀어질 때 허전해진다. 희망이 사라지기 때문이다. 하지만 희망의 싹을 키우는 것은 마음을 비우고 보다 멀리 보고 참고 기다릴 때 원하던 것들이 얻어진다. 언제나 희망의 끈을 놓아서는 안 된다. 그것을 쫓아가는 동안 행복한 시간이 된다.

우리 선수들은 혼신을 다하여 118㎞를 뛰었다. 독일 선수들을 압박하려고 공 없이 뛴 거리가 60㎞이다. 불씨를 당기는 것은 손흥민의 100분 돌풍질주에 독일은 침묵했다. 16강을 가기 위해서, 손흥민의 당시 순간 속도는 시속 34㎞ 러시아 월드컵 최고 스타로 떠오른 프랑스의 음바페보다 더 빨랐다.

조현우 골키퍼, 한국의 수문장, 문지기 영웅, 거미손이 되어서 으뜸 영웅이 되었다. 그는 대포 같은 독일 볼을 26개 중 골문을 통과할 수 있는 볼을 7개나 막고, 6개는 절묘한 감각과 기동력으로 막아냈다. 김영권 선수는 100억 독일 수문장을 침몰시켰다, 그는 "죽어야 산다."는 투혼의 마음으로 뛰어 일을 내고 말았다. 신태웅 감독의 기자회견에서의 겸손의 한마디가 절묘했다. 독일 선수들의 자만심을 파고든 발언이었기 때문이다. 신태웅 감독의 정신력을 무디게 만든 트릭의 지략과 조현우의 깜짝 등장, 손흥민의 민첩한 기동력과 발재간 골, 감독의 자신감과 선수들의 투혼의 철통 수비, 조현우의 골문 막기로 독일을 이길 수 있었다.

하지만 오른손이 하는 일 왼손이 모르게 피땀을 흘리며 질주한 눈에 보이지 않은 선수들이 더 중요한 선수가 아닌가 생각을 해본다. 그래도 국가 대표로 선발되었다면 서로 다른 특성을 키우는 일이다. 감독은 어려울 때 애정으로 서로 감싸야 한다. 감독이 희생만 강요하는 전술보다 개성 강한 선수들의 창의성을 살리며 팀을 서로 다른, 하나로 만들어냈을 때 우승 국가가 된다. 팀 내부의 갈등이 있다면 우수한 선수와 감독의 전술이 있다고 해도 그 팀은 우승할 수 없게 된다. 러시아 월드컵을 교훈 삼아 보다 우수한 팀이 되도록 바라면서…. 어찌 이런 일이, 요행과 기적의 기도보다는 하늘이 스스로 돕는 자를 돕게 땀 흘리면서 노력과 동료를 위해 더 힘들게 하는 정신이 있을 때 운도 따라온다.

옥정호수를 찾아서

친구의 호출 전화다. 친구가 기거寄居하는 곳으로 오전 11시까지 도착하라고 한다. 아내가 건강검진하고 함께 외출하자는 일정에 함께하기로 하였기 때문에 참석하기가 어렵다고 했다. 친구 셋이 즐거운 나들이를 하자고 했는데, 갈등이 생긴다. 이번에 밥도 사야 한다. 아내에게 친구들과 시간을 가져야겠다고 했다. 아내의 승낙을 받고, 마을 입구에서 친구를 만나자고 했다.

한 대의 승용차가 내 앞에 멈춘다. 친구들이 반갑게 맞이한다. 승용차에 자리를 잡고 가는데 차 앞 유리에 빗방울 한두 방울 떨어져서 미끄러진다. 마음먹고 시내 외곽지대를 돌아오려고 한 것 같다. 산업도로로 진입해야 하는데 구길로 가다가 마을 정미소에 들렀다.

승차하여 보다 느린 속도로 가는데, 차창 너머로 들과 산은 싱그러움이 펼쳐지고 있다. 들에는 벼들이 검푸르게 건강미를 자랑하고, 산에는 녹음이 어우러져서 풀벌레 소리가 들리는 것 같다. 배롱나무를 촘촘히 심어서 가꾸는 곳을 지나게 되었다. 그곳에 분홍 꽃들이 흐드러지게 피어서 보기 좋았다. 길가 능소화가 적황색 빛깔로 화려한 담장의 멋을 보인다. 구운암대교 진입 전 왼쪽 마을 길을 끼고 산기슭에는 노랑빛 원추리 꽃이 초록 풀잎 사이에 다소곳이 피어 있다.

가던 길 왼쪽에 음식점이 있고 승용차도 몇 대가 주차되어 있다. 옆집에 주차공간이 비어 있어 주차하였다. 음식점을 정하려는데 손님이 많은 곳으로 정할 것인가? 손님이 없는 집으로 갈 것인가 망설이는데, 대접받으려면 손님이 없는 곳이 낫다는 의견에 동조하였다. 주차한 집에서 매운탕을 먹기로 했다. 이곳은 집에 사람이 없어 보이면서 빈집처럼 썰렁한 느낌이 들었다.

화단의 참나리는 꽃잎을 뒤로 제치고 당돌한 모습으로 우리를 바라보고 있다. 더위에 꽃은 검붉은색에 치타 닮은 무늬가 더욱더 활기차 보인다. 이곳은 한적한 절의 암자에 못지않은 고즈넉한 분위로 우리를 맞이한다. 산모퉁이가 좌우 집을 감싸 안고 앞을 보면 옥정호 물그림자가 초록 물감을 풀어놓은 것 같다. 더위에 지친 호수 물도 숨소리를 죽이며 잠을 자나 보다. 살랑바람에 윤슬이 보석처럼 빛나고 있다.

인기척이 없어서 문을 열고 주인을 찾아 친구가 매운탕 먹을 수 있느냐고, 말하니까 요리할 수 있다고 한다. 큰 뚝배기로 잡어매운탕을 시켰다. 주인 하는 말이 다른 곳에서 민물고기를 가져온다고 한다. 이곳에서는 상수도 보호 구역이라서 낚시도 외래어종을 잡는 것만 인정하고 토종인 우리의 어족은 보호한다고 한다.

나는 아주 오래전에 구 운암다리 건너 매운탕집에서 식사 때 대화가 생각난다. 그 당시에는 가두리양식이 있을 때였다. 향어 배설물이 독약처럼 독하다고 했다. 양식업에서 주는 사료와 이스라엘잉어(향어) 배설물로 물의 오염이 매우 크다고들 한다. 물속으로 햇빛이 물속 깊이 비추어질 때 물의 오염을 줄이고, 물속의 부패를 막을 수 있다는 말이 생각난다.

오래전에는 향어 양식업을 했는데, 지금은 할 수 없다고 한다. 이곳에 자생하고 있는 우리의 어족들은 외래종으로 인하여 씨를 말리고 있다고 한다. 우리 어족인 참붕어 등 재래종

어족을 먹이로 하는 배스, 떡붕어, 향어, 철갑상어, 블루길 등이 판치고 있다고 한다. 블루길 한 마리가 민물고기 일 년에 3만~5만 마리를 잡아먹는다고 한다. 우리의 재래 어종인 향토 어종과 물의 오염만은 심각하게 생각하고 보호하고 막아내야 한다.

옥정호수 주변에는 나돌아 객과 풍류객들이 일 년 내내 심심치 않게 옥정호수 찾아오곤 한다. 민물고기 매운탕도 먹고 풍광도 함께하기 위해서 방문객들이 끊이지 않고 있다.

밖을 환하게 바라볼 수 있는 한 면이 유리창으로 된 곳을 안내해 주어서 자리를 했다. 바쁘게 혼자서 무언가를 챙기더니 약간의 찬을 상 위에다 늘어놓고 나간 뒤 소주와 맥주가 기본으로 나왔다. 나이가 우리와 비슷한 주인이기에 선입견부터 품게 된다. 저분은 나하고 인연이 처음인데 아무리 생각해 봐도 손맛이 정결스럽고, 맛깔스럽다는 말을 들을 수 있을지 의문이 생긴다. 오늘 따라 아침을 늦게 먹었으니 점심 때가 되어도 신장기가 들지 않은 데다가 본래부터 민물고기에 별미의 맛을 느끼지 못한 데다가 싫어하는 음식이다. 거기다가 날씨마저 후덥지근하여 식욕에 보탬이 되지 않는다.

하지만 이래저래 음식에 대한 의욕을 갖고 맞이해야 한다.

시종일관 친구들을 위해서 즐거움으로 함께해야 한다는 마음이다. 주인이 옥수수 세 자루를 가져왔다. 그것을 나누어 먹으라 한다. 한 친구는 맛있게 먹는다. 시간이 조금 지난 후에 매운탕이 상 위 한가운데에 놓인다. 시래기가 푸짐하게 들어있는 뚝배기다. 기대를 가지고 온 친구들인데 하면서 친구들의 눈치를 보니 기대보다는 친구들과 함께하는 시간에 즐거움을 옮기는 것 같다. 우리는 골짜기의 포장도로 따라 구절초길을 벗어나 전주로 향했다.

제주도 가는 날

드디어 제주도 가는 날이다. 지난번에 한라산 등반 못 한 것이 이번에 기회가 되어 마음이 설레기까지 했다. 3박 4일 동안 집을 떠나 타지에서 생활한다. 2016년 10월 24일 월요일부터 27일 목요일까지 일정으로 외지에서 환경이 다른 생활이다. 숙소는 제주 대명리조트다. 오전 10시가 되어서 둘째 아들이 집에서 기다리고 있는 우리를 휴대 전화로 내려오라고 한다. 아내와 나는 등산용 배낭을 걸머지고 아파트 현관을 나섰다. 택시를 이용하여 터미널에서 군산 비행장 가는 버스에 몸을 기대며 창밖을 보는데, 차가 멈춘다. 익산터미널에서 승객들을 오르내리게 한다. 오늘 하루 변화되는 것들을 상상하는데, 군산 공항이다.

군산 비행장 대합실에서 제주도 가는 저가 항공편 비행기를 기다리는 시간이 지루하였다. 출발 시간보다 한 시간이나 늦게 출발하여 제주도에 착륙했다. 공항 출구를 나와 둘째가 렌터카 예약한 업소의 소형버스로 왔다. 그곳에서 소나타 렌터카로 활주로 부근 지난 유월에 식사했던 맛집을 다시 찾았다. 그곳에서 먼저 도착한 큰아이와 며느리가 기다리고 있었다. 여섯 명이 늦은 점심을 먹었다.

황산 일출봉을 오르는데, 갑자기 바람이 세차게 불어오기 시작하면서 먹구름이 몰려온다. 빗방울이 하나둘 떨어진다. 실비가 오다 말다 한다. 큰아들이 앞장서고 둘째가 뒤에서 가파른 일출봉을 오르는데, 숨가쁘게 몰아가게 한다. 그 와중에 비까지 올 기세에 오가는 인파에 중국인 관광객들이 북새통을 이루고 있다. 아이들에게 부담을 주기 싫어서 있는 힘을 다하여 의기양양하게 정상에 올라왔다. 주변 풍광을 바라보면서 두 아이를 찾아봐도 보이지 않아서 서둘러 내려가는 중에 둘째를 만났다. 짐작에 내일 한라산 정상을 나와 함께할 수 있는가에 대하여 사전 점검을 하는 것 같다.

지난번에 한라산 등산을 하려다가 등산화 준비가 되지 않아서 이번에 하려고 한다. 두 조교와 함께 가파른 길과 계단을 잰걸음으로, 속보로, 일출봉을 향하여 고희의 노인이 두 아들을 의지하고 걸었다. 건강에 이상이 없음을 보여주기 위해 안간힘을 쓰고 있었다. 야심 행보를 했지만, 숨이 차고, 종아리에 쥐가 나려고 하며 발목이 시큰시큰했다. 내일 한라산 등산을 위해서 나의 무기력함을 보여서는 안 된다는 과욕이 컸다. 정상에 대한 도전이 허욕이 되지 않기를 빌지만, 불안과 긴장이 나를 압박하고 있다.

일출봉에는 내국인들보다 일본과 중국인들이 발 들여놓을 틈도 없을 정도로 초만원으로 인산인해를 이루고 있다. 하산하여 아이들 하는 말이 "오늘 아버지께서 내일 한라산 등반할 수 있는지 체크했습니다. 아버지! 내일 등반 각오覺悟 단단히 하셔야 합니다." 아이들이 아버지 모실 일이 몹시 걱정되나 보다. 내 생전에 백두산과 한라산은 가고 싶었다. 지리산 천왕봉과 설악산 대청봉을 등반 못한 것과 동해안 독도 근방까지 가서 돌아온 것이 아쉽다. 이제 나의 체력에 찾아가기가 모두 어려운 곳이다.

집에서부터 함께한 등산화는 내 발에 꼭 맞다. 그 등산화도 막내가 마련해준 명품 등산화다. 그동안 그 아이가 사온 것만 등산화가 벌써 세 켤레나 된다. 내가 산 것이 한 켤레이고 아내가 사 온 것이 세 켤레이다. 모두 일곱 켤레 중 저렴한 가격의 신발이 두 켤레인데, 신고 다닐 때 불편하지 않았다. 하지만 가격이 싼 등산화는 바닥이 쉽게 닳아지면서 바느질 부분이 떨어져 벌어진다. 가격이 싼 만큼 해지면서 등산화 구실을 못하게 되어 버린 것이 여섯 켤레나 된다. 막내아들이 사준 등산화가 제주도까지 와서 발을 보호하고 있다.

막내가 제주도에서 일보고 내일 회사로 들어간다고 한다. 세 아들과 제주도에서 저녁을 먹는데 아내가 저녁 식비를 낸다고 한다. 막내가 그리 좋은지. 삼 형제가 회포를 푸는데, 나는 일체 술을 입에 대지 않고 식사만 했다.

아이들이 술이 취하여 내가 생소한 곳에서 야간 운전을 했다. 아이들을 숙소 근처 주점에 내려주고 아내와 나는 숙소에서 쉬기로 했다. 아이들은 그동안 살아오면서 힘들고 어려웠던 지난날 이야기하면서 회포를 풀었으리라.

회한

유월은 녹음의 세상이다. 싱그러웠던 잎새가 태양의 열기에 짙푸르면서 검푸르게 깊어간다. 녹음이 초하를 장식하고 있다. 유월은 호국 · 보훈의 달로 국가 유공자의 숭고한 희생정신을 기리기 위한 추모제와 보훈가족에게 감사와 위로의 행사를 한다.

유월을 맞이하기 이틀 전 인터넷의 흘러간 옛 노래 〈애수의 소야곡〉 기타 반주를 듣고 울적해졌다. 작고하신 숙부님 생각나서이다. 숙부에 대한 애환과 회한이 교차되면서 눈가에 이슬이 맺혔다. 어렸을 때 총각 삼촌이 이 곡을 자주 연주하는 것을 들었기 때문이다. 그분에 대한 그리움이 더욱 사무치게 한다. 그분은 나에게 '사랑'이라는 것을 알려주기 위해 화초에 물주기, 동물 키우기 체험을 하게 하셨다. 젖을 얻을 수 있는 양을 기르게 하고, 토끼도 기르게 하셨다. 양은 언제나 나의 다정한 친구가 되었다. 지난날의 생각에 빠져 있는데, 휴대폰 벨소리가 울려 듣던 음악을 멈추고 전화를 받았다. 군경전몰 유족회의 추모식 알림이었다. 또 전화가 왔다. 이번에는 시 유족회서 추모식에 참석해 달라는 초청이었다. 모두 젊은 여자분들이 상냥한 목소리로 자세히 깍듯이 알려주기에 살갑게 응했다.

올해는 유월 첫날이 추모제를 지내는 날이다. 강당 단상 뒷면에 작년과 같이 길게 펼쳐진 하얀 천에 많은 이름들이 있다. 그 천은 강당 전면 벽을 모두 차지할 정도로 펼쳐진 가운데 가나다순으로 순국자 이름들이 적혀 있다. 그들은 조국 수호를 위해 목숨을 초개와 같이 바친 분들이다. 그분들은 조국의 어느 산야 어느 계곡과 언덕배기에 묻히어서 백골이 진토가 되어 있다. 그분들은 대부분 젊은 나이에 조국과 민족을 위하여 풀과 같이 풀잎의 이슬같이 사라져갔다.

우리는 아직 분단의 아픔을 떨쳐내지 못하고 후손들에게 큰 짐이 되게 하였다는데 면목이 없다. 유월이 되면 녹음방초 계절이 되어 활기찬 자연과 함께할 수 있어서 살기 좋은 나라이다. 뻐꾹새는 앞산 뒷산을 날며 새끼치기에 부성과 모성을 다하는데, 산마루를 더듬어오는 시원한 바람에 실어오는 "뻐꾹 뻐꾹" 소리마저 구슬프게 들린다.

진주조개는 아린 상처를 참고 견디며 긴 세월을 보석으로 키워내는데, 나는 아린 가슴속에 파편 알들이 박혀진 것같이 아파하며 긴 세월을 살아왔다. 그만큼 세월이 지나갔으면 산산이 부서져서 흔적이 없어질만도 하련마는 그 한은 변함없이 그냥 남아있다. 사람들은 세월이 약이 된다고 하지만, 공연한 말에 지나지 않은지 자문해 본다. 한이 맺히고 서리면 영원히 지워지지 않는 것인가? 응어리진 마음을 비우기 위해 낮아지고 비우면서 노년을 차분하게 보내야지!

행사장 의자에 몸을 의탁하고 회한의 시간을 보내다 보니 어느새 추모식이 시작되었다. 묵념과 함께 울려 퍼지는 곡이 "사랑하는 나의 고향 내 마음속에 사무쳐…." 그만 왈칵 가슴이 뭉클해지면서 눈시울이 뜨거워지고, 눈물이 나기 시작하여 슬그머니 손수건으로 눈물을 훔치고 나서 보니 멋쩍고 어색했다. 이제 고희를 넘기고 보니 본의 아니게 이상한 행동이 나타나 이게 우울증 시초가 아닐까 하면서 새삼스럽고 의아스럽다. 이틀 전에도 흘러간 가락에 눈물을 보였는데, 오늘도 감정의 동요가 쉽게 표출되니 늙은이가 주책을 떨어도 곱게 해야 하는데….

그동안 감정이 둔할 정도로 삭막한 환경에서 활기 없이 생활하여 왔다. 서러움을 감내하면서 고독과 함께 세월을 보내고 보니 감정이 굳어서 찬 차돌같이 된 것 같다. 부모의 사랑을 받고 자란 아이들이 남을 사랑할 줄 안다. 사랑을 받아보지 못한 아이는 사랑할 줄 모르고 한 세상을 살아간다고 말한다. 일찍 고아가 된 아이에게는 그 말이 멍에가 된다. 그것을 떠안고 살아가는 사람들은 다른 사람들보다 힘들고 고달프다. 전쟁으로 인하여 얻어진 고아란 주홍글씨를 새기고 평생 살아야 했다. TV강연 중에 또는 종교단체, 기타 강연 중에 거침없이 가볍게 그렇게 말한다. 또는 오랜 경험에서 터득한 것 같이 말하지만, 너무 쉽게 인용해서는 안 된다. 전쟁으로 인하여 평생 그리움 속에 살아가는 아픔을 생각해 주길 바랄 뿐이다.

전쟁고아들은 상처 받은 보상으로 평화로운 나라가 되길 기원한다. 내가 살아오면서 체득한 것은 전쟁고아가 되면 3대가 그 영향을 받는다는 사실이다. 그게 100년의 세월 동안 개인생활에 직간접으로 대물림하니 부모로서 안타깝기만 할

뿐이다.

평화로운 나라가 되기 위해서는 국민이 한마음이 되어서 국력을 키우는 일이다. 집단, 지역, 좌우편향 이기주의보다는 월드컵 4강 때 붉은 티셔츠와 함성으로 뭉쳐야 한다. 촛불의 질서, 이순신 장군의 살신보국, 임전무퇴만 있다면 감히 우리나라를 어떻게 함부로 몰아칠 수 있단 말인가. 오로지 인류 평화를 위해 전쟁만은 없어야겠다. 칠십 년 이상의 세월 동안 응어리진 가슴앓이가 이제 사랑을 심는 씨앗이 되어 자손과 이웃에게 심어진다면 그 이상 더 바랄 게 없다.